AF216233

Wurst selber machen wie die Profis
Das Buch zum Wursten, Pökeln und Räuchern

Für Fragen und Anregungen:
info@psiana-verlag.de
Auflage 2019

WURST SELBER MACHEN
wie die Profis

Das Buch zum Wursten, Pökeln und Räuchern

MARK RÖSING

Vorwort

Herzlich Willkommen zu diesem Kochbuch. In diesem Buch werden Sie eine Vielzahl köstlicher Wurst Rezepte zum Selbermachen finden. Ob als Aufschnitt, zum Streichen, zum Braten oder vegetarisch. Hier finden Sie für jeden Geschmack und jedes Rezept die richtige Wurst.

Sie haben noch nie selbst Fleisch verarbeitet? Kein Problem! Auf den ersten Seiten dieses Buches finden Sie eine Einführung, die keine Fragen offen lässt. So erlernen sie im Handumdrehen die Kunst des Wurstens.

Zuletzt ist es mir noch wichtig zu sagen, dass die Rezepte in diesem Buch nicht als strikte Richtlinien zu verstehen sind und dass Sie sich nicht Ihrer Kreativität berauben lassen sollen. Vielmehr sollen die folgenden Rezepte eine Inspiration darstellen. Probieren Sie verschiedene Varianten aus, verfeinern Sie Ihre Speisen und entwickeln Sie so Ihre ganz persönlichen Lieblingsrezepte.

Guten Appetit!

Inhalt

BRÜHWURST

KOCHWURST

BRATWURST

SCHINKEN

WILD

VEGETARISCHE WÜRSTCHEN

BONUSREZEPTE

sein.

- Klebeetiketten und einen Stift; hiermit kannst du später deine fertigen Wurstgläser beschriften, damit du immer den Überblick behältst. Du solltest immer notieren, welche Art von Wurst sich in dem Glas befindet und wann es hergestellt wurde.
- Küchenmaschine, um das Brät zu vermengen. Im absoluten Notfall ginge es auch mit der Hand. Mit einer Küchenmaschine lassen sich aber deutlich bessere Ergebnisse erzielen.
- Küchenwaage, um Zutaten abzuwiegen.
- Einkochtopf, um deine Wurstgläser einzukochen. Unter Umständen kannst du diese auch im Schnellkochtopf oder im Backofen einkochen.
- Stürzgläser
- Fleischwolf

Brät oder Wurstbrät ist Hackfleisch oder fein gekuttertes Fleisch, wie es zur Wurstherstellung verwendet wird. Neben Salz und Gewürzen wird häufig auch Wasser zugegeben, um eine für die Wurstherstellung geeignete Konsistenz zu erreichen.

Die Profi Ausstattung

Um wirklich jede Wurst herzustellen, benötigst du noch folgende Materialien.

- Wetzstahl oder sonstigen Messerschärfer – scharfe Messer werden dir das Arbeiten sehr erleichtern.
- Briefwaage, um Gewürze genau abzuwiegen. Dies ist vor Allem wichtig, wenn du nur kleine Portionen Wurst zubereitest und diese perfekt schmecken sollen.
- Gewürzmühle – Wenn du schon deine Wurst selber machst, kannst du auch gleich deine Gewürze frisch zubereiten. Diese werden das Geschmackserlebnis weiter optimieren und schmecken deutlich intensiver, als die fertigen Gewürze aus dem Supermarkt.
- Wursthüllen, Saitlinge oder Därme, je nach Wurst
- Wurstfüller, um Därme und Gläser leicht mit Brät zu befüllen.
- Räucherschrank oder Rauchofen
- Wurstgarn, um die abgefüllten Würste an den Enden abzubinden.
- Landjäger Presse, um die Landjäger Würstchen in die richtige Form zu bringen. Alternativ können Sie auch Ihre eigene Wurstpresse aus zwei Schneidbrettern und einigen Schreibzwingen bauen.

Saitlinge: Als Saitling wird der Dünndarm vom Schaf bezeichnet. Der Naturdarm gilt als besonders zart und eignet sich vor allem für feine Brühwürste, aber auch für Räucherwürste. So werden beispielsweise Frankfurter und Wiener Würstchen sowie Nürnberger Rostbratwürste in der Regel mit Saitling hergestellt.

So geht's ...

Falls Sie vorher noch nie eine Wurst selber gemacht haben, möchte ich Sie in diesem Kapitel kurz in den grundlegenden Ablauf einführen.

1 Bereiten Sie die Gewürzmischung für die Wurst vor. Ich empfehle, die Gewürze selber frisch zu mahlen.
2 Schneiden Sie das Fleisch in handliche Stücke, welche ohne Probleme in den Fleischwolf passen.
3 Drehen Sie das Fleisch durch den Fleischwolf.
4 Das gewolfte Fleisch mit den vorbereiteten Gewürzen vermengen, bis eine homogene Masse, das Brät, entsteht. 5 Minuten kneten reichen hierbei für gewöhnlich aus.

5 Füllen Sie das Brät je nach Rezept in ein Glas, einen Darm oder eine sonstige Form.

Tipp: Beim Wolfen und beim Vermengen unbedingt darauf achten, dass das Brät nicht zu warm wird. Die Temperatur sollte immer im einstelligen Bereich liegen und das Fleisch sollte bis unmittelbar vor Verarbeitung gekühlt werden. Damit das Fleisch nicht unnötig warm wird, ist es auch wichtig, dass der Fleischwolf schön scharf ist und das Fleisch sauber schneidet, anstatt es nur zu zerdrücken. Außerdem solltest du darauf achten, dass Fleisch nicht in den Fleischwolf zu drücken, sondern es vielmehr mit dem Wolf selbst hineinzuziehen.

Während manche Würste bereits so in ihrer rohen Form gegessen werden, erfolgt in der Regel eine Weiterverarbeitung. Beispiele hierfür wären das Grillen, Braten, Reifen lassen, Einkochen, Räuchern oder Einfrieren.

Welche Arten von Wurst gibt es?

Im Grunde lassen sich 3 verschiedene Arten von Wurst unterscheiden:

Rohwurst: Bei der Rohwurst findet nach dem Abfüllen des Bräts keine Hitzeeinwirkung statt und die Masse wird nicht zum Gerinnen gebracht. Beispiele sind hier die Dauerwurst, die Mettwurst, Krakauer oder auch Salami.

Kochwurst: Bei der Kochwurst wird anders als bei der Rohwurst das Wurstbrät nach dem Abüfllen gegart. Häufig werden auch vor dem Abfüllen die Zutaten bereits erhitzt, so werden die einzelnen Bestandteile oft durch erstarrtes Fett verbunden. Beispiele sind hier die Blutwurst, Leberwurst oder Schwartenmagen.

Brühwürste: Die Brühwurst ist im Prinzip ein Mittelding zwischen Rohwurst und Kochwurst. Nach dem Abfüllen findet eine leichte Erhitzung statt, bei der das Eiweiß etwas gerinnt. Beispiele wären hier das Wiener Würstchen, Fleischwurst oder auch Mortadella.

Das richtige Fleisch

Das mit Abstand Wichtigste für eine wirklich leckere Wurst, ist wirklich gutes Fleisch. Hierbei sind vor allem folgende 3 Punkte von herausragender Bedeutung.

Die Herkunft des Fleisches
Bei der Herkunft von Fleisch wird in der Regel zwischen konventioneller Tierzucht oder Bio-Tierzucht unterschieden. Ich persönlich verarbeite ausschließlich Bio-Fleisch zu Wurst. Hierfür habe ich mich entschieden, weil die Tiere in der Regel ein schöneres Leben hatten, als ihre konventionell aufgezogenen Artgenossen. Zum Großteil ist hierfür der Aspekt verantwortlich, dass in der Bio-Tierzucht mehr Platz für die Tiere vorgesehen ist. Des Weiteren werden weniger Medikamente verabreicht, welches auch wiederum uns, den Konsumenten des Fleisches zugutekommt. Nichts desto trotz steht Ihnen die Entscheidung natürlich frei, welches Fleisch Sie verwenden und es gibt ja auch genug Stimmen, die sagen, dass Bio-Tierhaltung nicht deutlich besser ist, als konventionelle Tierhaltung.

Neben diesen vermeintlich ethischen Aspekten empfinde ich aber auch einen geschmacklichen Unterschied. So ist Bio-Fleisch oft weniger wässrig und schöner gefärbt. Durch das trockenere Fleisch ist die Wurstherstellung deutlich leichter und die schöne Farbe spiegelt sich hinterher in der Wurst wider.

Bitte wundern Sie sich nicht, wenn Ihre selbstgemachte Wurst eher gräulich aussieht. Aus dem Supermarkt sind wir normalerweise eher eine rötliche Farbe gewöhnt, diese ist allerdings nicht natürlich und wird nur künstlich erzeugt. Falls Ihnen die Farbe sehr wichtig ist, können Sie auch mit natürlichen Farbstoffen nachhelfen.

Das Alter des Tieres beim Schlachten

Falls Sie wirklich nur Wurst herstellen möchten, ist das Alter des Tieres, in den meisten Fällen des Schweins, nicht ganz so wichtig. Möchten sie allerdings eine schnittfeste Rohwurst herstellen, sollte das Tier ungefähr 7-8 Monate alt sein. Sollten Sie Speck, Schnitzel, Schinken oder Braten herstellen wollen, kann das Tier ruhig etwas älter sein. Ich empfehle hierbei immer ein Alter von

9-11 Monaten.

In der Regel gilt, dass je älter das Tier ist, desto trockener und fester ist sein Fleisch. Dieser Effekt macht sich vor Allem beim Anbraten bemerkbar, denn wenn das Fleisch relativ wässrig ist, wird auch viel Wasser aus dem Fleisch austreten und das Fleisch wird in der Pfanne eher köcheln als braten.

Das Ablagern von Fleisch

Wenn Sie wirklich gute Wurst herstellen wollen, sollten Sie das Fleisch immer erst einige Tage ablagern. Bei Schweinefleisch empfiehlt sich eine Ablagerungsdauer von 4-6 Tagen. Bei Rindfleisch können es auch 10-12 Tage sein. Während des Ablagerns wird das Fleisch weiter an Wasser verlieren. Außerdem finden enzymatische Prozesse im Fleisch statt, welche die Konsistenz und den Geschmack des Fleisches verfeinern.

Im Winter können Sie recht einfach zu Hause ihr Fleisch ablagern. Die Temperaturen sollten zwischen 3-5℃ liegen. Legen Sie das Fleisch einfach an einen vor jeglichen Tieren geschützten Ort und decken sie es mit einer Decke zu. Das Fleisch sollte während des

Ablagerns täglich gewendet werden, damit es nicht nur einseitig austrocknet.

Im Sommer ist das Ablagern etwas aufwändiger, Sie benötigen hierzu nämlich einen zweiten Kühlschrank oder einen Kühlraum. Verteilen Sie das Fleisch auf verschiedenen Tellern und gießen Sie die auf den Tellern entstehende Flüssigkeit einmal täglich ab.

Der richtige Darm für die Wurst

Sofern Sie ihre Wurst nicht im Glas machen möchten, ist es notwendig, dass Sie sich geeignete Därme für Ihre Wurst besorgen. Dies können Sie z.B. beim Metzger tun. Grundsätzlich haben Sie hierbei die Wahl zwischen trocken gesalzenen Därmen oder abfüllfertigen Därmen.

Den trocken gesalzenen Darm müssen Sie vor Verarbeitung für 5-12 Stunden in ein kaltes Wasserbad geben. Hierdurch wird der Darm geschmeidig und das Salz wird entzogen. Wichtig: Denken Sie daran, zwischendurch das Wasser auszutauschen.

Abfüllfertiger Darm wurde bereits gewässert. Diesen sollten Sie vor Verarbeitung lediglich eine halbe Stunde in lauwarmem Wasser quellen lassen. Hierdurch verbessert sich die Elastizität des Darms und Sie können ihn leichter befüllen. 32℃ sind hierfür die optimale Wassertemperatur.

Bevor Sie mit dem Befüllen der Därme beginnen, lassen Sie am besten einmal Wasser vom Anfang des Darms bis zum Ende durchlaufen. Im Anschluss das restliche Wasser aus dem Darm streichen. Nun sollte sich der Darm mit Leichtigkeit über das vorher befeuchtete Füllrohr ziehen lassen. Hierbei muss das gesamte Stück des Darms, welches du mit Brät füllen möchtest, über den Füllaufsatz gestülpt werden. Achten Sie außerdem darauf, den richtigen Füllrohraufsatz für den entsprechenden Darmdurchmesser zu wählen.

Nun sollten Sie das hintere Ende des Darms mit einem Knoten verschließen. Alternativ können Sie auch einfach einen sehr langen Darm verwenden. Grundsätzlich ist es nicht nötig, den Darm genau auf die Menge des Bräts abzustimmen. Es ist kein Problem zwischendurch den gefüllten Darm gegen einen neuen leeren Darm auszutauschen.

Welche Darmgröße benötigen Sie für welche Wurst?
Bratwurst: Kal. 26/28, 28/30 oder 30/32 Schweinedarm oder Saitlinge
Nürnbergele Kal. 18/20 Saitlinge
Merguezle Kal. 20/22 Schweinedarm
Wienerle Kal. 20/22 oder 22/24 Saitlinge
Brühwürste Kal. 26/28 Schweinedarm
Leber/Blutwurst im Ring Kal. 40/42 oder größere Rinderkranzdärme

---

Kaliber (kal) bezeichnet den Durchmesser von Naturdärmen. Um diesen zu ermitteln werden die Därme zunächst mit Wasser gefüllt, erst danach wird der Durchmesser gemessen. Du kannst den Durchmesser auch ermitteln, indem du den Umfang des prall gefüllten Darmes durch Pi (3,14) teilst. Da hierbei immer ein bestimmter Spielraum durch die Dehnbarkeit des Darmes herrscht, gibt man den Kaliber als von-bis-Wert an. Z.B. Kal. 26/28

Um das Brät, in den Darm zu füllen, ist es ratsam, sich einen Gehilfen zu suchen. Mit etwas Geschick lässt es sich zwar auch alleine schaffen, es ist für Anfänger aber wirklich nicht ganz so leicht und zu zweit macht es natürlich auch viel mehr Spaß.

Die 5 goldenen Regeln des Darmfüllens:
1 Sorge für genug Platz für die Wurstmenge, die du produzieren möchtest.
2 Drehe das Fleisch gleichmäßig durch den Fleischwolf und ziehe den Darm ebenso gleichmäßig vom Füllrohr.
3 Hebe die Wurst mit einer Hand leicht an. Ansonsten entsteht ein ungünstiger Winkel zwischen Füllrohr und Wurst und der Darm könnte reißen.
4 Fülle die Wurst nicht zu prall, aber auch nicht zu lasch.
5 Achte darauf, dass sich möglichst keine Luftblasen im Darm bilden.

Lassen Sie sich nicht davon entmutigen, wenn Ihnen beim Abfüllen der Darm einige Male kaputt geht. Das passiert selbst Profis und gehört einfach beim Wurstmachen dazu. Aus diesem Grunde sollten Sie immer genügend Ersatzdärme griffbereit haben.

Räuchern und Lagerung

Durch das Räuchern kann Wurst haltbar gemacht werden und erhält einen aromatischen Geschmack. Heutzutage ist es sogar möglich, zuhause zu räuchern. Hierfür benötigen Sie einen Räucherofen, welchen Sie für relativ wenig Geld erwerben können. Wenn Sie ihre selbst gemachte Wurst räuchern möchten, können Sie entscheiden, ob Sie lieber kalt-, warm-, oder heiß räuchern wollen.

Beim Kalträuchern sollte die Temperatur im Räucherofen zwischen 15 und 25 ℃ liegen. Da die Temperaturen relativ gering sind, dauert das Räuchern etwas länger. Dafür ist diese Art des Räucherns besonders schonend. Fleisch, welches üblicherweise kalt geräuchert wird, ist der Schinken, Speck, Leberwurst oder Salami. Bei Schinken und Speck sollte die Räucherzeit 2 bis 3 Woche betragen. Bei den übrigen Wurstsorten reichen in der Regel 2-3 Tage.

Beim Warmräuchern sollte die Temperatur in der Räucherkammer zwischen 30 und 50℃ liegen. Durch die höheren Temperaturen im Vergleich zum Kalträuchern sind die Garzeiten deutlich kürzer. Dafür wird die Haltbarkeit nicht so weit erhöht, wie beim Kalträuchern. Kassler z.B. sollte ungefähr 120 Minuten warm geräuchert werden. Beim Bierschinken reichen sogar etwa 80 Minuten.

Beim Heißräuchern liegt die Temperatur normalerweise bei 70 bis 110℃. Die Garzeit ist hierbei ziemlich kurz, genau wie die Haltbarkeit. Heißgeräucherte Würste sollten in der Regel innerhalb weniger Tage verzehrt werden. Noch besser ist es, wenn das Fleisch sogar am selben Tag verzehrt wird. Da die Räuchertemperatur über 60℃ liegt, gerinnt hierbei das Eiweiß. Es wird also vielmehr gegart als geräuchert. Die meisten Würstchen können gut bei 90℃ heißgeräuchert werden. 15-20 Minuten reichen hierbei schon vollkommen aus.

Abschließend möchte ich darauf hinweisen, dass es sich bei genannten Werten nur um grobe Richtwerte handelt. Die wirklichen Temperaturen und Räucherzeiten sind von sehr vielen Faktoren abhängig und sie werden nicht darum herum kommen, Ihre eigenen Erfahrungen mit Ihrem eigenen Räucherofen zu machen.

Pökeln

„Pökeln" wurde bereits in der Antike eingesetzt, um Fleisch haltbar zu machen. Gepökelt wird meistens mit dem sogenannten Nitritpökelsalz bzw. mit einer Mischung aus Speisesalz, Kaliumnitrat und Natriumnitrat. Grundsätzlich lassen sich zwei Arten des Pökelns unterscheiden.

Beim Trockenpöckeln wird das trockene Fleisch eingesalzen. Hierbei sollte man ca. 80 g Salz, 8 g Zucker und 1 g Salpeter für ein Kilogramm Fleisch verwenden.

Das Nasspökeln hingegen ist etwas aufwändiger. Hierbei wird zunächst das Salz und evtl. Gewürze zusammen aufgekocht. Die entstandene Salzlake anschließend abkühlen lassen. Nun gibt man das Fleisch, welches man pökeln möchte, in einen Gefrierbeutel, gießt die Lake dazu, verschließt den Beutel und legt ihn für 6-14 Tage in den Kühlschrank. Als Faustregel kann man hier je Kilogramm Fleisch 8 Tage Einwirkzeit kalkulieren. In den kalten Monaten kann bei größeren Fleischmengen anstatt des Kühlschranks auch der Keller genutzt werden.

Sowohl beim Trockenpökeln, als auch wie schon erwähnt beim Nasspökeln, können Gewürze mit dem Salz vermengt werden. Oftmals kommen hier Rosmarin, Lorbeerblätter, Piment, Wacholderbeeren oder Knoblauch zum Einsatz.

Die letzten Vorbereitungen

Sie haben nun schon viel über die Wurstherstellung erfahren und wir können endlich mit der eigentlichen Zubereitung starten. Jede Herstellung einer Wurst sollte jedoch gründlich vorbereitet werden. Die folgenden Punkte helfen Ihnen dabei!

1 Ermitteln Sie welches Fleisch und wie viel Fleisch Sie für das von Ihnen gewünschte Rezept benötigen. Bestellen Sie das Fleisch rechtzeitig beim Fleischer vor.

2 Falls Sie vorhaben, Ihre Gewürze selber und frisch zu mahlen, dann ist jetzt der richtige Zeitpunkt gekommen, dies zu tun.

3 Jede Wurst benötigt eine andere Gewürzmischung. Stellen Sie Gewürzmischungen bereits zu-

sammen und füllen Sie sie in der richtigen Dosierung in verschließbare Gläser.

4 Falls Sie Wurst in einem Glas machen möchten, überprüfen Sie, ob Sie über genügend verschließbare Gläser verfügen. Achten Sie darauf, dass alle Gläser sehr sauber sind.

5 Überprüfen Sie den Einkochautomaten auf seine Funktion und richten Sie ihn ein.

6 Falls Sie Würste pressen möchten, stellen Sie sicher, dass Sie über genügend Wursthüllen oder Därme verfügen.

Tipp - Messer mit dem Wetzstahl schärfen: Halten Sie das Messer in der anderen Hand. Kippen Sie das Messer so, dass zwischen Klinge und Wetzstahl / Schärfstab ein Winkel von 15 - 20° ist. Ziehen Sie die Schneide nach unten über den Stahl und nutzen Sie dabei die ganze Länge des Stahls aus: Das Ende der Messerschneide gleitet dabei bis zur Messerspitze. Wichtig: Schärfen Sie kein komplett stumpfes Messer. Der Wetzstahl ist dafür gedacht, ein scharfes Messer scharf zu halten.

---

7 Stellen Sie zudem sicher, dass

die verwendeten Messer ausreichend scharf sind. Stumpfe Messer erschweren das Arbeiten und erhöhen sogar die Verletzungsgefahr, weil man mehr Kraft beim Schneiden aufwenden muss.

SCHNITTFESTE ROHWURST

SALAMI

PORTION(EN)
6

ZUBEREITUNG
REIFEN

DAUER
9 WOCHEN

SCHWIERIGKEIT
LEICHT

ZUTATEN

1 kg Schweinebauch und
Rindfleisch (50 %/50 %)
Räucherbare Kunstdär-
me (Kaliber 55)
Je 1 kg Fleisch:
10 ml Madeira
25 g Pökelsalz
½ TL Paprikapulver,
pikant
10 g eingelegten grünen
Pfeffer
½ TL Zucker
½ TL schwarzer Pfeffer,
gemahlen
2 Msp. Muskat
0,5 g Starterkultur
2 Msp. Koriander
½ TL Senfkörner
½ TL Knoblauchpulver
2 Msp. Kümmel, gemah-
len

2960 kcal, 1 g kh, 229 g fett, 209 g eiweiß
für gesamte zubereitungsmenge

ZUBEREITUNG

1 Die Gewürze, bis auf den grünen Pfeffer und den
Wein, mischen und beide Fleischsorten in 3 x 3 cm
dicke Teile schneiden und kurz einfrieren.

2 Das Fleisch mit den Gewürzen einreiben und
durch den Fleischwolf drehen (ca. Ø 5 mm Scheibe).

3 Den Wein und den Pfeffer hinzufügen und
alles vermengen. Dann in die Kunstdärme geben,
stampfen und eng abschnüren.

4 Die Wurst muss die ersten 4 Tage bei ungefähr
20° C und einer Luftfeuchtigkeit von gut 90 %
gelagert werden. Anschließend weitere 10 Tage bei
einer Temperatur von 16℃ und einer Luftfeuchtigkeit von 85% reifen lassen. An jedem 2. Tag mit
einem feuchten Tuch abwischen.

5 Zuletzt die Würste 3 mal je 5,5-6 Stunden am
Tag räuchern und dann bei 13-14℃ und einer Luftfeuchtigkeit von 80% mindestens 7 Wochen reifen
lassen.

LANDJÄGER

PORTION(EN)	ZUBEREITUNG	DAUER	SCHWIERIGKEIT
10	REIFEN	2 WOCHEN	SCHWER

ZUTATEN

500 g fetter Schweinerückenspeck
½ TL Kümmel
½ TL schwarzer Pfeffer, gemahlen
½ TL Traubenzucker
490 g Rindfleisch, hohe Rippe
½ TL Koriander, gemahlen
38 g Nitritpökelsalz
975 g Schweinenackenfleisch
1 TL gelbes Senfmehl
Starterkultur für schnittfeste Rohwurst
5 m Schweinedarm (26/28)

5987 kcal, 8 g kh, 430 g fett, 499 g eiweiß für gesamte zubereitungsmenge

ZUBEREITUNG

1 Den Speck in Stücke schneiden und 4 Stunden lang ins Gefrierfach stellen. Den Darm 2 Stunden lang in (abgekochtes) Wasser einlegen, zwischendurch ab und zu spülen. Den Knorpel und die Sehnen am Fleisch entfernen, dann auch klein schneiden und 1 Stunde lang einfrieren. Die Starterkultur, wie auf der Packung beschrieben, ansetzen.

2 Das Fleisch mit dem Pfeffer, dem Kümmel, dem Senfmehl, dem Traubenzucker und der Starterkultur durch einen Fleischwolf mit einer 2 mm Lochscheibe drehen. Danach das Salz hinzufügen und alles nochmal wolfen. Ein Füllrohr (26 mm) an dem Fleischwolf anbringen und die Masse bis zum Schluss pressen. Danach den Darm aufziehen, die Masse hineinfüllen und die Würste abbinden. Zwischen den Würsten ungefähr 2,5 cm Freiraum lassen.

3 Die Würste im Zickzack Muster auf ein Brett legen und ein weiteres darauf legen. Die Bretter mit Schrauben befestigen, sodass die Würste etwas gepresst werden. Die Würste bei 4℃ 6 Tage lang lagern, danach die Bretter abmachen und die Würste aufgehängt mindestens 1 Tag (24 Stunden) bei Raumtemperatur lagern.

4 Würste 2 Tage lang bei 22-24℃ kalt räuchern und ungefähr eine weitere Woche ausreifen lassen.

CABANOSSI

PORTION(EN)
8

ZUBEREITUNG
GAREN

DAUER
13 STUNDEN

SCHWIERIGKEIT
SCHWER

ZUTATEN

500 g Rindfleisch (Hohe Rippe)
1 TL Rohrzucker
½ TL weißer Pfeffer, gemahlen
950 g Schweinefleisch (Nacken)
38 g Salz
½ TL Senfmehl
1 Msp. Muskatnuss, gerieben
490 g fetter Schweinerückenspeck (grüner Speck)
½ TL Cayennepfeffer
6,5 m Schweinedarm (30/32)
7 g Paprikapulver, edelsüß
1 Msp. Kümmel, gemahlen
Wurstgarn

3985 kcal, 2 g kh, 259 g fett, 389 g eiweiß für gesamte zubereitungsmenge

ZUBEREITUNG

1 Den Schweinerückenspeck in 2 cm breite Stücke schneiden und 3,5 Stunden ins Gefrierfach legen. Den Darm ungefähr 2 Stunden lang in lauwarmes Wasser legen und hin und wieder spülen. Die Knorpel und Sehnen des Rind- und des Schweinefleischs entfernen, in 2 cm breite Würfel schneiden und beides eine Stunde lang ins Gefrierfach legen.

2 Das Salz auf den Speck und das Fleisch geben. Das Rindfleisch durch eine Ø 2 mm Scheibe des Fleischwolfs drehen. Den Rest durch eine Ø 4,5 große Scheibe. Alles mit sämtlichen Gewürzen gut kneten und in die Därme geben. Würste von einer Länge von ungefähr 55-60 cm abtrennen, mit dem Garn zuerst abbinden und dann zu einem Ring knoten.

3 Die Würste an Stangen aufgehängt 13 Stunden bei Raumtemperatur lagern. Nun die Würste bei 80°C heiß räuchern, sodass eine Kerntemperatur von ungefähr 70°C erlangt ist (dauert ungefähr 2 Stunden). Zum Schluss 1 Stunde lang bei 72-75° C in einem Topf voll Wasser garen. Dann in kaltem Wasser auskühlen lassen und trocken tupfen.

PAPRIKA-WÜRSTCHEN

PORTION(EN)	ZUBEREITUNG	DAUER	SCHWIERIGKEIT
10	REIFEN	4 WOCHEN	MITTEL

ZUTATEN

½ TL Traubenzucker

20 g Pökelsalz

600 g mageres Fleisch von der Schweineschulter

23 g scharfes Paprikapulver

½ TL schwarzer Pfeffer

Salz

½ TL Knoblauch, gemahlen

390 g Rückenspeck

1 TL Chili

½ TL Ascorbinsäure

Kranzdarm (Kaliber 40)

4970 kcal, 4 g kh, 473 g fett, 162 g eiweiß für gesamte zubereitungsmenge

ZUBEREITUNG

1 Die Zutaten mit dem Speck vermengen.

2 Das Fleisch von der Schulter durch einen Fleischwolf mit einer Ø 5 mm Scheibe drehen. Dann den Speck durch eine Ø 10 mm Scheibe drehen und alles lange durchkneten.

3 Die Masse in die Därme geben und bei 12-14°C abtrocknen lassen. Jeweils am 5., 8., und 11. Tag mit Wasser, in dem 30g Salz pro Liter gelöst sind, waschen und trocken reiben.

4 Die Wurst danach ungefähr 15 Stunden lang kalt räuchern und 2 weitere Wochen reifen lassen.

PFEFFERBEIßER

PORTION(EN)
14

ZUBEREITUNG
REIFEN

DAUER
2 WOCHEN

SCHWIERIGKEIT
SCHWER

ZUTATEN

250 g Schweinerücken-
speck, fett
½ TL rote Pfefferkörner
42-45 g Nitrit Pökelsalz
½ TL Muskatblüte, ge-
mahlen
6,5 m Saitling (Kaliber
20/22)
½ TL schwarzer Pfeffer,
gemahlen
1 TL schwarzer Pfeffer,
geschrotet
1725 g Schweinefleisch
(Nacken)
Starterkultur für Roh-
wurst
1,5 TL Paprikapulver,
edelsüß
½ TL Koriander, gemah-
len
1 TL Traubenzucker

6755 kcal, 3 g kh, 524 g fett, 472 g eiweiß
für gesamte zubereitungsmenge

ZUBEREITUNG

1 Den Speck klein schneiden und mindestens 3,5
Stunden ins Gefrierfach stellen. Den Seitling 2 Stunden
lang in Wasser einlegen und hin und wieder spülen. Die
Knorpel und die Sehnen von dem Fleisch entfernen und
das Fleisch eine Stunde lang ins Gefrierfach stellen.

2 Wie auf der Packung beschrieben, wird die Starterkultur angesetzt. Die Starterkultur mit den Gewürzen und
dem Fleisch zweimal durch einen Fleischwolf mit einer
Ø 8 mm Lochscheibe drehen. Dann das Salz unterkne-
ten.

3 Die Masse einfüllen und ungefähr 16 cm große Würste abtrennen. Zwischen den Würsten jeweils 1,5 cm
Platz lassen. Die Würstchen aufhängen und bei einer
Raumtemperatur von ungefähr 15℃ 6 Stunden ruhen
lassen. Danach bei normaler Raumtemperatur mindestens einen Tag lagern.

4 Die Würstchen müssen weitere 5 Tage reifen. Jeden
Tag muss die Temperatur um 2℃ kühler gestellt werden.
Am Ende die Würstchen in 2 Durchgängen jeweils 3
Stunden lang kalt räuchern (22-24° C) und ungefähr
eine weitere Woche lagern.

SUCUK

PORTION(EN)
12

ZUBEREITUNG
REIFEN

DAUER
10 TAGE

SCHWIERIGKEIT
LEICHT

ZUTATEN

100 g Paprikapulver, edelsüß
3975 g Kalbshack (15 % Fett)
95 g Kreuzkümmel, gemahlen
80 g Salz
80 g Piment, gemahlen
28 Knoblauchzehen
95 g Chiliflocken
Kunstdarm (Kaliber 45)

6048 kcal, 1 g kh, 318 g fett, 796 g eiweiß für gesamte zubereitungsmenge

ZUBEREITUNG

1 Den Knoblauch fein hacken und mit den Gewürzen unter das Hack mischen. Das Hack 25 Minuten lang kneten.

2 Die Masse abdecken und 12 Stunden kühl stellen. Danach nochmals durchkneten.

3 Die Därme mit der Masse befüllen und abbinden.

4 Mit einer Nadel in jede Wurst an den äußeren Seiten jeweils einmal einstechen. Die Würste an einem schattigen Ort 10 Tage aufhängen.

HEUBERGER DAUERWURST

PORTION(EN)	ZUBEREITUNG	DAUER	SCHWIERIGKEIT
6	REIFEN	6 - 8 TAGE	LEICHT

ZUTATEN

500 g Rindfleisch
500 g magerer Schweinebauch
½ TL geschroteter Pfeffer
½ TL Knoblauch
2 Msp. Koriander
½ TL schwarzer Pfeffer, gemahlen
20 g Salz
Därme (Kaliber 26-28)

2894 kcal, 1 g kh, 224 g fett, 205 g eiweiß für gesamte zubereitungsmenge

ZUBEREITUNG

1 Den Schweinebauch und das Rindfleisch durch eine 4 mm Scheibe wolfen, dann die Gewürze hinzufügen und alles gut durchkneten.

2 Die Därme befüllen und alle 28-30 cm abbinden.

3 Die Würste 4 Tage lang kalt räuchern und dann bis zur gewünschten Festigkeit aufgehängt bei Raumtemperatur lagern.

FRÜHSTÜCKSSALAMI

PORTION(EN)
5

ZUBEREITUNG
REIFEN

DAUER
3 WOCHEN

SCHWIERIGKEIT
MITTEL

ZUTATEN

20 g Pökelsalz
950 g Schweinehack-
fleisch
1,5 TL gelbe Senfkörner
2 Msp. Piment, gemah-
len
2 Prisen Nelkenpulver
2 Msp. Paprikapulver,
edelsüß
Rinderkranzdärme (Ka-
liber 40/42)
2 Msp. Traubenzucker
½ TL weißer Pfeffer,
gemahlen
1 Msp. Knoblauchgra-
nulat
½ TL schwarzer Pfeffer,
zerstoßen
1 Msp. Muskat, gemah-
len

2504 kcal, 1 g kh, 202 g fett, 161 g eiweiß
für gesamte zubereitungsmenge

ZUBEREITUNG

1 Das Hack 3 Stunden im Kühlschrank aufbewahren. Dann mit allen Gewürzen gut mischen und
über Nacht kühl stellen.

2 Die Rinderkranzdärme auffüllen und aufhängen,
damit sie trocknen können. Damit im Raum die
richtige Luftfeuchtigkeit gegeben ist, einfach einen
Wasserkocher täglich 3 Minuten lang unter die
Würste stellen.

3 Nach 7 Tagen können die Würste geräuchert
werden oder an einem kühlen Ort trocknen.

4 Nach 18-21 Tagen ist die Salami fertig.

STREICHFESTE ROHWURST

UNGARISCHE METTWURST

PORTION(EN)
6

ZUBEREITUNG
MISCHEN

DAUER
30 MIN

SCHWIERIGKEIT
LEICHT

ZUTATEN

290 g Schweinebauch,
mit etwas Fleisch
24 g Salz
680 g Schweinefleisch,
mager
½ TL Knoblauch, frisch
1 TL weißer Pfeffer,
gemahlen
2 Msp. Piment
30 g Paprikapulver,
edelsüß
Saitlinge (Kaliber 40-50)

*2724 kcal, 1 g kh, 192 g fett, 231 g eiweiß
für gesamte zubereitungsmenge*

ZUBEREITUNG

1 Den Schweinebauch und das Fleisch durch einen
Fleischwolf mit einer Ø 3mm Scheibe drehen. Den
Knoblauch hacken und mit durch den Fleischwolf
drehen.

2 Die Masse mit den übrigen Zutaten verkneten
und in die Saitlinge geben.

3 Die Würste langsam kalt räuchern.

GEFLÜGELLEBERWURST

PORTION(EN)
2

ZUBEREITUNG
MISCHEN

DAUER
30 MIN

SCHWIERIGKEIT
LEICHT

ZUTATEN

200 g Hühnerleber
50 g Butter
3 Knoblauchzehen, klein geschnitten
½ TL Thymian
300 g Hühnerbrust
1 Zwiebel, klein geschnitten
½ TL Chiliflocken
2 TL Joghurt, 10 % Fett
½ TL Gewürzmischung
½ TL Pfeffer
Etwas Salz
½ TL Majoran

921 kcal, 12 g kh, 50 g fett, 101 g eiweiß für gesamte zubereitungsmenge

ZUBEREITUNG

1 Das Fleisch klein schneiden. Die Butter in einer Pfanne schmelzen lassen und das Fleisch darin anbraten.

2 Die Zwiebelstücke und den Knoblauch mitbraten. Nach kurzer Zeit die Gewürze hinzufügen und alles ein paar Minuten bei schwacher Hitze in der Pfanne lassen.

3 Die Masse in ein hohes Gefäß geben und pürieren. Dann den Joghurt hinzufügen und gut durchrühren.

4 Die Leberwurst in eine Schale geben und im Kühlschrank lagern (ca. 2 Wochen haltbar).

ZWIEBELMETT

PORTION(EN)	ZUBEREITUNG	DAUER	SCHWIERIGKEIT
6	MISCHEN	60 MIN	LEICHT

ZUTATEN

300 g Schweinenacken, ausgelöst

22 g Pökelsalz

½ TL Paprikapulver, edelsüß

Naturdärme (Kaliber 35-40)

700 g magerer Schweinebauch

45 g Zwiebeln, klein geschnitten

½ TL weißer Pfeffer, gemahlen

192 kcal, 15 g kh, 2 g fett, 29 g eiweiß für gesamte zubereitungsmenge

ZUBEREITUNG

1 Das Fleisch mindestens 2 Stunden im Kühlschrank aufbewahren. Dann mit den Zwiebeln durch einen Fleischwolf mit einer Ø 4 mm Scheibe drehen.

2 Die Masse in die Därme geben. Die Wurst hält sich im Kühlschrank 3 Tage.

TEEWURST RÜGENWALDER ART

PORTION(EN)
5

ZUBEREITUNG
MISCHEN

DAUER
1 TAG

SCHWIERIGKEIT
MITTEL

ZUTATEN

50 ml Rum
2 TL Pflanzenöl
20 g Nitrit Pökelsalz
1 TL Rauchsalz
340 g Schweinebauch
1 TL Paprikaextrakt
1 Msp. Macis
100 g mageres Rind-
fleisch
18 g grüne Pfefferkörner
½ TL weißer Pfeffer
1 TL Zucker
4 räucherbare Kunstdär-
me (Kaliber 40/18)
90 g fettiger Räucher-
speck
200 g Schnitzelfleisch
240 g Schweinegulasch
2 Prisen Kardamom
2 Prisen Selleriesamen,
gemahlen

2384 kcal, 11 g kh, 167 g fett, 188 g eiweiß
für gesamte zubereitungsmenge

ZUBEREITUNG

1 Die Pfefferkörner in dem Rum über Nacht
einlegen. Das Schnitzelfleisch und das Rindfleisch
in grobe Stücke schneiden und ungefähr 1 Stunde
ins Gefrierfach stellen. 100 g Schweinebauch und
den Speck klein schneiden und in den Kühlschrank
stellen.

2 Den Rest des Schweinebauchs auch klein schneiden und mit den Gewürzen und dem Gulasch vermengen. Dann durch einen Fleischwolf mit einer
Ø 8 mm Scheibe drehen. Den Rum und den Pfeffer
hinzugeben und alles mischen. Das Fleisch aus
dem Gefrierfach nehmen und durch einen Fleischwolf mit einer Ø 2 mm Scheibe drehen. Dann den
Schweinebauch- und den Räucherspeck darunter
mischen und nochmals alles wolfen.

3 Das Fleisch mit dem Öl und dem groben Fleisch
vermengen. Die Masse in die Därme abfüllen und
eine Nacht aufhängen. Zum Schluss die Würste in
2 Durchgängen je 6 Stunden kalt räuchern.

LEBERWURST THÜRINGER ART

PORTION(EN)
16

ZUBEREITUNG
MISCHEN

DAUER
120 MIN

SCHWIERIGKEIT
MITTEL

ZUTATEN

500 g Leber
Salz und Pfeffer
2500 g fetter Schweine-
bauch
2 Zwiebeln
Majoran

8280 kcal, 25 g kh, 678 g fett, 484 g eiweiß für gesamte zubereitungsmenge

ZUBEREITUNG

1 Das Fleisch klein schneiden und kochen, bis es weich ist.

2 Die Leber auch klein schneiden und zusammen mit den Zwiebeln in 2 Durchgängen durch die feine Scheibe wolfen.

3 Das Fleisch einmal wolfen, die Gewürze hinzufügen und mit der Lebermasse mischen. Alles 5 Minuten lang kneten.

4 Die Masse in Gläser geben, nach oben hin 2 cm Platz lassen und 2 Stunden einkochen.

METTWURST MIT COGNAC

PORTION(EN)
20

ZUBEREITUNG
MISCHEN

DAUER
1 WOCHE

SCHWIERIGKEIT
MITTEL

ZUTATEN

750 g Speck
6 Stücke Darm (Naturin-, Textil-, oder Hukkidarm)
500 g Schweinefleisch
70 g + 3,5 EL Pökelsalz
100 ml Cognac
1500 g Rindfleisch
2 TL schwarzer Pfeffer, gemahlen
4 TL Zucker

9868 kcal, 27 g kh, 682 g fett, 798 g eiweiß für gesamte zubereitungsmenge

ZUBEREITUNG

1 Das gesamte Fleisch unter fließendem Wasser säubern und klein schneiden. Das Fleisch in 5 Durchgängen durch den Fleischwolf drehen.

2 Der Speck wird klein geschnitten und im Kühlschrank gelagert.

3 Die Fleischmasse 25 Minuten lang kneten, dann die 70 g Salz, die Gewürze und den Speck mit einarbeiten. Alles weitere 25 Minuten durchkneten. Nach und nach den Cognac hinzufügen. Die Masse in die Därme geben und abschnüren.

4 Den Zucker und das übrige Salz mischen und die Würste damit einreiben. Die Würste müssen nun drei Tage gelagert werden und jeden Morgen und Abend mit der Lake, die sich gebildet hat eingerieben und gedreht/gewendet werden.

5 Am Ende die Würste 3-4 Tage lang kalt räuchern und so lange trocknen lassen, bis sie die gewünschte Härte haben (es muss zu Beginn eine hohe Luftfeuchtigkeit von ca. 85-90 % gegeben sein, die jeden Tag etwas verringert werden muss).

LEBERWURST

PORTION(EN)	ZUBEREITUNG	DAUER	SCHWIERIGKEIT
12	MISCHEN	60 MIN	MITTEL

ZUTATEN

500 g Schweinebauch
1,5 TL Piment
890 g Schweineleber
90 g Röstzwiebeln
55-60 g Nitrit Pökelsalz
1,5 TL Pfeffer
½ TL Muskat
300 g Schweineschulter
½ TL Nelken
½ TL Ingwer
500 ml Kochbrühe
2 Msp. Kardamom
1225 g Schweinenacken

6117 kcal, 62 g kh, 389 g fett, 561 g eiweiß für gesamte zubereitungsmenge

ZUBEREITUNG

1 Die Gallengänge der Leber entfernen, dann klein schneiden und mit dem Salz durch den Fleischwolf drehen. Danach im Kühlschrank lagern.

2 Den Speck, den Bauch und die Schulter klein-schneiden und 3 Minuten in kochendem Wasser brühen. Dann mit der Brühe, den Gewürzen und der kühlen Leber durch einen Fleischwolf drehen, bis die Masse eine breiartige Konsistenz hat.

3 Die Masse in Gläser umfüllen, den Deckel zu-drehen und in einem Kochtopf eine Stunde lang kochen.

4 Dann die Gläser in lauwarmes Wasser setzen, kaltes Wasser hinzugeben, sodass die Gläser all-mählich abkühlen.

METTWURST MIT RÖSTZWIE-BELN

PORTION(EN)	ZUBEREITUNG	DAUER	SCHWIERIGKEIT
12	MISCHEN	60 MIN	MITTEL

ZUTATEN

5826 kcal, 28 g kh, 527 g fett, 223 g eiweiß für gesamte zubereitungsmenge

2 Msp. Ascorbinsäure
750 g Schweinebacke
250 g Rindfleisch
28 g Kartoffelstärke
½ TL Muskat
½ TL Paprikapulver
55 g Röstzwiebeln
490 g Fleischbrühe
20 g Pökelsalz
1 TL Pfeffer
½ TL Puderzucker
2 Msp. Glutamat
500 g Schweineschulter

ZUBEREITUNG

1 Das Fleisch kochen.

2 Die Gewürze sind für 1 kg Fleisch angegeben. Nachdem das Fleisch gekocht wurde, muss es gewogen werden und die Gewürzmengen müssen evtl. angepasst werden.

3 Das Fleisch mit allen anderen Zutaten durch einen Fleischwolf mit einer Ø 4,5 mm Scheibe wolfen.

4 Die Masse mit der Brühe vermengen und nochmal wolfen.

5 Die Masse in Gläser abfüllen und ungefähr 2 Stunden lang kochen.

WURST MIT KNOBLAUCH

PORTION(EN)	ZUBEREITUNG	DAUER	SCHWIERIGKEIT
4	MISCHEN	50 MIN	MITTEL

ZUTATEN

500 g mageres Fleisch von der Schweineschulter
2 Knoblauchzehen
½ TL Kümmel, gemahlen
2 TL Salz
250 g Speck
½ TL Zucker
1 TL schwarzer Pfeffer, gemahlen
4 TL Weißwein

2115 kcal, 10 g kh, 143 g fett, 172 g eiweiß für gesamte zubereitungsmenge

ZUBEREITUNG

1 Den Speck mit dem Fleisch durch einen Fleischwolf mit der feinen Scheibe drehen. Die übrigen Zutaten hinzufügen.

2 Die Masse auf Schraubgläser verteilen, sodass die Gläser ¾ gefüllt sind.

3 Die Gläser in einem Wasserbad 1 Stunde lang bei 175°C in den Backofen stellen. Zum Schluss abkühlen lassen.

KALBSLEBERWURST MIT AHORNSIRUP

PORTION(EN)
5

ZUBEREITUNG
MISCHEN

DAUER
50 MIN

SCHWIERIGKEIT
LEICHT

ZUTATEN

60 g Karotten
60 g Porree

50 % Bauch (ohne
Schwarte und Knochen)
20 % Kalbsfleisch
30 % Schweineleber

60 g Sellerie
1 Zwiebel
Gewürze je kg Fleisch:
58 g Zwiebeln, klein
geschnitten
2 Msp. Paprikapulver,
edelsüß
1 Msp. Ingwer
½ TL weißer Pfeffer
17 g Pökelsalz
9 g Ahornsirup
1 Msp. Mazis
Kunstdärme (Kaliber
40/18)

*2645 kcal, 52 g kh, 172 g fett, 210 g eiweiß
für gesamte zubereitungsmenge*

ZUBEREITUNG

1 Das Kalbsfleisch und den Bauch in Wasser garen.
Pro Liter Kochwasser 60 g Karotten, 60 g Porree,
60 g Sellerie und 1 Zwiebel hinzufügen. Dann das
Fleisch klein schneiden und auskühlen lassen.

2 Die klein geschnittene Zwiebel anrösten und die
Leber 1 Minute lang in dem Kochwasser brühen.
Danach klein schneiden.

3 Alle Zutaten vermengen und mithilfe eines
Fleischwolfs zu einer glatten Masse umwandeln.

4 Die Masse mit etwas Kochwasser vermengen, bis
eine breiartige Konsistenz entstanden ist. Dann die
Gewürze hinzufügen.

5 Den Sirup in 20 ml kochendem Wasser kurz
kochen lassen. Dann unter die Masse rühren.

6 Die Därme abfüllen, abschnüren und die Würste
bei 76-80° C brühen (pro mm Durchmesser 1 min
lang).

BRÜHWURST

BOCKWURST

PORTION(EN)
6

ZUBEREITUNG
BRÜHEN

DAUER
60 MIN

SCHWIERIGKEIT
MITTEL

ZUTATEN

300 g Schweinebacke
500 g Rindfleisch (max.
10 % Fett)
20 g Pökelsalz
190 g Eis
½ TL Knoblauchpulver
2 Msp. Selleriepulver
21 Msp. Glutamat
1 TL Kutterhilfsmittel
2 Msp. Muskat
2 Msp. Zitronenschale,
Pulver
2 Msp. Ascorbinsäure
2 Msp. Koriander, ge-
mahlen
Darm (Kaliber 24/26)
½ TL schwarzer Pfeffer
½ TL Paprikapulver,
rosenscharf

2980 kcal, 1 g kh, 257 g fett, 158 g eiweiß
für gesamte zubereitungsmenge

ZUBEREITUNG

1 Das Fleisch in Stücke schneiden, mit dem Salz einreiben und 1 oder 2 Tage im Kühlschrank lagern.

2 Das Fleisch mit den übrigen Zutaten (bis auf das Kutterhilfsmittel) durch eine Ø 4,5 mm Scheibe wolfen.

3 Dann kuttern (12-14° C) und dabei das Kutterhilfsmittel und das Eis hinzufügen.

4 Die Masse in die Därme geben und bei ungefähr 55°C 1 Stunde lang räuchern.

5 Die Würste bei 70-75° C brühen (pro mm Durchmesser eine Minute lang). Zum Schluss unter kaltes Wasser halten.

RINDFLEISCHWURST

PORTION(EN)	ZUBEREITUNG	DAUER	SCHWIERIGKEIT
5	BRÜHEN	1 TAG	MITTEL

ZUTATEN

150 g Wasser mit Kohlensäure
20 g Pökelsalz
825 g Rindfleisch (max. 10 % Fett)
½ TL Senfpulver
½ TL weißer Pfeffer
2 Msp. Zitronenschale
2 Msp. Koriander
1 TL Paprikapulver, edelsüß
½ TL Muskat
2 Msp. Kümmel, gemahlen
½ TL Kutterhilfsmittel
2 Msp. Zwiebelpulver
1 Msp. Knoblauchpulver
Schweinedünndärme (Kaliber 28/30)

2392 kcal, 1 g kh, 162 g fett, 219 g eiweiß für gesamte zubereitungsmenge

ZUBEREITUNG

1 Das Fleisch in grobe Stücke schneiden und mit den Gewürzen mischen.

2 Das Fleisch durch die grobe Scheibe des Fleischwolfs drehen, dann das Wasser hinzufügen und alles durch eine Ø 3 mm Scheibe drehen.

3 Die Masse kurz durchkneten und dann in die Därme umfüllen.

4 Einen Tag lang warten, bis die Würste umgerötet sind, danach müssen sie 2 Stunden lang kalt geräuchert werden. Danach bei 75° C ca. 30 min. brühen.

5 Die Würste eine halbe Stunde lang bei 75°C brühen und nach und nach in Wasser auskühlen lassen.

KRAKAUER

PORTION(EN)	ZUBEREITUNG	DAUER	SCHWIERIGKEIT
6	BRÜHEN	1 TAG	MITTEL

ZUTATEN

100 g Rindfleisch
100 g Rückenspeck
½ TL Cayennepfeffer
½ TL schwarzer Pfeffer
800 g Schweinefleisch
Abschnitte (max. 10 %
Speck)
20 g Pökelsalz
½ TL Paprikapulver,
edelsüß
2 Msp. Ascorbinsäure
2 Msp. Knoblauchpulver
1 TL Kutterhilfsmittel
2 Msp. Muskat
Schweinedärme (Kaliber
30/32)
½ TL Kümmel, gemahlen
60-80 ml Wasser mit
Kohlensäure

3213 kcal, 1 g kh, 242 g fett, 239 g eiweiß
für gesamte zubereitungsmenge

ZUBEREITUNG

1 Das Fleisch und den Speck kleinschneiden.

2 Die Hälfte des Schweinefleischs mit dem Rindfleisch und den übrigen Zutaten (bis auf das Wasser) in 2 Durchgängen durch eine Ø 5 mm Scheibe drehen. Dann den Speck und das restliche Schweinefleisch darunter mischen.

3 Die Masse durch eine Ø 5 mm Scheibe drehen und das Wasser hinein kneten.

4 Alles in die Därme abfüllen und einen Tag lang abwarten, sodass die Würste umröten können.

5 Am Schluss die Würstchen bei 65℃ ca. 1,25 Stunden räuchern und dann pro mm Durchmesser 1 min lang bei 75℃ brühen. Danach abschrecken.

BIERSCHINKEN

PORTION(EN)	ZUBEREITUNG	DAUER	SCHWIERIGKEIT
10	BRÜHEN	1 TAG	SCHWER

ZUTATEN

300 ml Gemüsebrühe
1350 g mageres Schweinefleisch (Schulter mit Schwarte)
1 TL Zucker
20 g Salz
½ TL schwarzer Pfeffer, gemahlen
20 g mageres Rindfleisch Oberschale
400 g fetter Schweinebauch mit Schwarte
19 g Nitrit Pökelsalz
½ TL Muskatnuss, gerieben
½ TL Koriander, gemahlen
2 Msp. Ingwerpulver
1 Knoblauchzehe
Wurstgarn
2.5 m Naturfaserdarm (Kaliber 40/45)

4905 kcal, 1 g kh, 336 g fett, 435 g eiweiß für gesamte zubereitungsmenge

ZUBEREITUNG

1 500 g des Schweinefleisches in grobe Stücke schneiden, dann das Pökelsalz untermischen und 7 Stunden kaltstellen. Die Knorpel und Sehnen am anderen Fleisch entfernen, dann auch klein schneiden und kalt stellen. Den Darm 2 Stunden lang in Wasser einlegen.

2 Den Knoblauch hacken und mit dem Fleisch ohne das Pökelsalz in 2 Durchgängen durch einen Fleischwolf mit einer Ø 2 mm Scheibe drehen. Die Masse mit der Brühe und dem Salz mischen.

3 Das gepökelte Fleisch abtrocknen und mit dem Wurstbrät, dem Zucker, dem Koriander, dem Pfeffer, dem Muskatnuss und dem Ingwer kneten. Den Darm in 6 gleichgroße Stücke trennen und auf einer Seite abbinden.

4 Mit der Masse die Därme befüllen und an der offenen Seite zuschnüren. Die Würste bei 82-84℃ gut 40 Minuten lang brühen, dann in sehr kaltem Wasser auskühlen lassen und abtrocknen. Zum Schluss 1 Tag lang vor dem Anschneiden ruhen lassen.

MÜNCHNER WEIßWURST

PORTION(EN)
12

ZUBEREITUNG
BRÜHEN

DAUER
90 MIN

SCHWIERIGKEIT
SCHWER

ZUTATEN

850 g Kalbsfleisch von der Schulter
1,5 TL weißer Pfeffer, gemahlen
1 Bund Petersilie
Schale von 2 Zitronen
35 g Salz
500 g Eisschnee
650 g fetter Schweinerückenspeck
½ TL Muskatblüte, gemahlen
½ TL gelbe Senfkörner, gemahlen
5 m Schweinedarm (Kaliber 26/28)

5442 kcal, 17 g kh, 363 g fett, 493 g eiweiß für gesamte zubereitungsmenge

ZUBEREITUNG

1 Den Darm in Wasser ungefähr 2 Stunden lang einweichen lassen, hin und wieder spülen.

2 Den Knorpel und die Sehnen am Speck und Fleisch entfernen und beides kleinschneiden. Durch einen Fleischwolf mit einer Ø 3 mm Lochscheibe drehen und 1 Stunde ins Gefrierfach stellen.

3 Die Petersilie hacken. Den Eisschnee und das Salz mit dem Fleisch vermengen und erneut durch eine Ø 2 mm Scheibe wolfen.

4 Die Masse 10 Minuten lang kneten, dann die üblichen Zutaten in die Masse kneten.

5 Die Därme befüllen und die Würste nach 12 cm abbinden. Die Würste 24-26 Minuten bei 75℃ brühen. Zum Schluss in kaltem Wasser auskühlen lassen.

PUTENWURST

PORTION(EN)	ZUBEREITUNG	DAUER	SCHWIERIGKEIT
22	BRÜHEN	75 MIN	LEICHT

ZUTATEN

2400 g Putenoberschenkel (ohne Knochen)
600 g Schweinebauch
7 g KHM ohne Umrötung
300 g Bergkäse
700 g Crushed Eis
300 g Schweinebacke
½ TL brauner Zucker
1 Msp. Ascorbinsäure
19 g culinarico chicken best
1 EL Meersalz
400 ml Sahne
300 g Rückenspeck
1 EL rote Beete Pulver
Schweinedarm (Kaliber 26/28)

11215 kcal, 16 g kh, 901 g fett, 724 g eiweiß für gesamte zubereitungsmenge

ZUBEREITUNG

1 Das Fleisch in grobe Stücke schneiden und eine Weile in den Kühlschrank stellen.

2 Das Fleisch durch einen Fleischwolf mit einer Ø 3 mm Scheibe wolfen. Danach 1 Stunde lang kühl stellen.

3 Die gesamten Zutaten, außer den Käse, in den Kutter füllen und solange kuttern, bis die Masse cremig ist.

4 Den Käse hinzufügen und die Masse in die Därme geben. Alle 18-20 cm abbinden.

5 Die Würste bei 70℃ in Wasser oder im Dampf eine Dreiviertelstunde lang brühen.

ZWIEBEL-FLEISCHKÄSE

PORTION(EN)
6

ZUBEREITUNG
BRÜHEN

DAUER
120 MIN

SCHWIERIGKEIT
MITTEL

ZUTATEN

250 g Schweinefleisch
200 g mageres, entfette-
tes Rindfleisch
250 g fetter Schweine-
bauch
140 g Schweinebacke
150 g Eis (fein zersto-
ßen)
Gewürze je kg Fleisch-
masse:
2 Msp. Paprikapulver,
edelsüß
21 g Röstzwiebeln
½ TL weißer Pfeffer,
gemahlen
1 Msp. Ingwer, getrock-
net und gemahlen
18 g Salz
2 Msp. Koriander, ge-
mahlen
1 TL Zwiebelgranulat
1 Msp. Kardamom, ge-
mahlen
2 Msp. Muskatblüte,
gemahlen

2956 kcal, 8 g kh, 235 g fett, 188 g eiweiß
für gesamte zubereitungsmenge

ZUBEREITUNG

1 Den Schweinebauch, -backe und das Fleisch 1
Stunde ins Gefrierfach stellen und dann durch einen Fleischwolf mit einer Ø 2 mm Scheibe drehen.

2 Die Gewürze und das Eis hinzufügen und alles 12
Minuten gut durchmischen, bis eine glatte Masse
entstanden ist.

3 Die Masse in eine geölte Form für Fleischkäse
aus Alu geben und zwar so, dass keine Luftblasen
entstehen.

4 Die Masse auf der untersten Schiene ins Back-
rohr schieben und bei 160℃ 1 Stunde pro kg Masse
backen. Am Ende muss eine Kruste entstanden
sein.

WÜRSTCHEN MIT BUTTERKÄSE

PORTION(EN)	ZUBEREITUNG	DAUER	SCHWIERIGKEIT
13	BRÜHEN	120 MIN	MITTEL

ZUTATEN

2500 g Schweineschulter mit Speck
300 g Butterkäse
1,5 TL Zucker
1,5 TL weißer Pfeffer
1 TL Kümmel, gemahlen
250 g Eiswasser
490 g Rindfleisch (durchwachsen)
1 TL Knoblauch, gemahlen
16 g Kutterhilfsmittel
Darm (Saitlinge Kaliber 24/26)
86 g Pökelsalz
1 TL Paprikapulver, rosenscharf

6385 kcal, 29 g kh, 389 g fett, 623 g eiweiß für gesamte zubereitungsmenge

ZUBEREITUNG

1 Das Rindfleisch in grobe Stücke schneiden, mit 16 g Pökelsalz einreiben und in der Nacht lagern, sodass es umröten kann.

2 Das Schweinefleisch mit den übrigen Zutaten durch einen Fleischwolf mit der Erbsenscheibe drehen und auch die Nacht über umröten lassen.

3 Den Käse im Gefrierfach 45-60 Minuten lagern und dann in feine Stücke schneiden.

4 Das Eiswasser mit dem Rindfleisch kuttern und mit dem Käse und dem Schweinefleisch vermengen. Nun die Saitlinge befüllen.

5 Die Würste für 35-40 Minuten bei ungefähr 50℃ räuchern. Am Ende bei 80℃ 20 min lang brühen und zum Abkühlen in kaltes Wasser legen.

CERVELAT

PORTION(EN)
6

ZUBEREITUNG
BRÜHEN

DAUER
70 MIN

SCHWIERIGKEIT
LEICHT

ZUTATEN

300 g Rindfleisch
21 g Pökelsalz
1 Msp. Zucker
½ TL schwarzer Pfeffer, gemahlen
½ TL weißer Pfeffer, gemahlen
300 g Speck
400 g Schweinenacken
2 cl Weinbrand
Naturdärme

3225 kcal, 15 g kh, 234 g fett, 249 g eiweiß für gesamte zubereitungsmenge

ZUBEREITUNG

1 Die Därme unter mehrfachem Spülen in Wasser einlegen.

2 Den Speck in Stücke schneiden und das Fleisch parieren. Beides im Gefrierfach 1,5-2 Stunden lagern.

3 Das Fleisch und den Speck durch einen Fleischwolf mit einer Ø 2 mm Scheibe drehen.

4 Dann den Weinbrand und die Gewürze hinzufügen und alles mischen.

5 Die Masse in die Därme geben und ein paar Tage lang im Kühlschrank lagern, damit die Würste reifen können. (Alternativ können die Würste in 2 oder 3 Durchgängen kalt geräuchert werden.)

FLEISCHWURST

PORTION(EN)	ZUBEREITUNG	DAUER	SCHWIERIGKEIT
5	BRÜHEN	60 MIN	MITTEL

ZUTATEN

45 % magere Schweine-
schulter (ohne Schwarte
und Knochen)
15 % Rindfleisch
30 % magerer Schweine-
bauch (ohne Schwarte
und Knochen
10 % Schweinerücken-
speck

Gewürze pro kg Fleisch:
108 g Scherbeneis
½ TL Traubenzucker
17 g Pökelsalz
6 g Würzmischung
„Frankfurter Fleisch-
wurst"
115 ml Fleischbrühe
1 TL Kutterhilfsmittel
Kranzdarm (Kaliber
43/46)

2448 kcal, 6 g kh, 176 g fett, 189 g eiweiß
für gesamte zubereitungsmenge

ZUBEREITUNG

1 Das Fleisch durch eine Ø 3 mm Scheibe wolfen.

2 Die Masse in Gefrierbeutel umfüllen und platt
drücken (Dicke von 2 mm). Die Beutel so lange ins
Gefrierfach legen, bis das Fleisch außen anfängt zu
gefrieren.

3 Die Gewürze mit dem Fleisch kuttern und dann
in die Därme geben und abbinden.

4 Die Würste bei 64℃ räuchern und danach 1
Stunde in 75℃ warmem Wasserbad brühen.

5 Die Würste in kaltem Wasser abschrecken.

PIKANTE WIENER

PORTION(EN)
5

ZUBEREITUNG
BRÜHEN

DAUER
70 MIN

SCHWIERIGKEIT
MITTEL

ZUTATEN

200 g Rinderhals-, bug
160 g Rückenspeck
2 TL Chilipulver
½ TL weißer Pfeffer
1 Msp. Macis
1 Msp. Kardamom
1 TL Maggi
300 g Schweineschulter
½ TL Paprikapulver, edelsüß
1 Msp. Pimentpulver
1 Msp. Knoblauchpaste
1 Msp. Ingwer, gemahlen
100 g Weichfett von Schinken oder Schulter
220 g Eisschnee
90 g Tomatenmark
16 g Pökelsalz
450 cm Schafsaitling

2350 kcal, 22 g kh, 175 g fett, 163 g eiweiß für gesamte zubereitungsmenge

ZUBEREITUNG

1 Das Fleisch in grobe Stücke schneiden und 2 Stunden lang ins Gefrierfach stellen. Den Darm in warmes Wasser legen.

2 Den Speck kleinschneiden und durch die feine Scheibe wolfen. Dann in den Kühlschrank stellen. Das Eis crushen.

3 Das Fleisch auch durch den Fleischwolf drehen und mit Maggi, dem Salz und dem Kutterhilfsmittel vermengen. Dann das Eis und das Fett untermischen. Die Gewürze und das Tomatenmark hinzugeben, sodass ein Brät entsteht.

4 Die Masse in die Därme abfüllen und so abdrehen, dass jedes Würstchen 50 g wiegt. Bei 60℃ Umluft die Würstchen eine Stunde lang im Ofen trocknen lassen.

5 Die Würstchen bei 60℃ 60 Minuten lang räuchern und danach in 75℃ warmem Wasser 18-20 Minuten brühen. Dann einige Minuten in eiskaltem Wasser auskühlen lassen.

MORTADELLA

PORTION(EN)	ZUBEREITUNG	DAUER	SCHWIERIGKEIT
12	BRÜHEN	12 STUNDEN	SCHWER

ZUTATEN

500 g fetter Schweinerückenspeck

19 g Salz

½ TL Muskatblüte, gemahlen

1200 g Schweinefleisch (Schulter, ohne Schwarte)

300 g mageres Rindfleisch (Schulter)

1,5 TL weißer Pfeffer, gemahlen

1 Msp. Piment, gemahlen

1 TL Zucker

28 g Pistazien, ohne Schale

235 g Nitrit Pökelsalz

4 Naturfaserdärme

6833 kcal, 15 g kh, 474 g fett, 586 g eiweiß für gesamte zubereitungsmenge

ZUBEREITUNG

1 2 Liter Wasser mit dem Pökelsalz zum Kochen bringen und danach auskühlen lassen. Die Knorpel und Sehnen vom Fleisch entfernen, dann in Stücke schneiden und eine Viertelstunde lang in eine Schüssel, die mit eiskaltem Wasser befüllt ist, legen. Dann abgießen und die Pökellake auf das Fleisch füllen und 11-12 Stunden im Kühlschrank lagern.

2 Därme 2 Stunden lang in Wasser einweichen und ab und zu spülen. Speck in grobe Stücke schneiden und 60 Minuten lang ins Gefrierfach stellen.

3 Das Fleisch abtupfen und mit dem Speck durch eine Ø 2 mm Lochscheibe wolfen. Dann alles 8 Minuten lang kneten und dabei die Pistazien, den Zucker, das Salz, den Pfeffer, das Piment und die Muskatblüten hinzufügen.

4 Die Därme trockentupfen und jeweils auf der einen Seite abbinden. Die Masse in die Därme geben, die offenen Seiten verknoten und alles bei 78-80°C 80 Minuten brühen. Danach in kaltem Wasser abkühlen lassen und abtrocknen.

LYONER

PORTION(EN)	ZUBEREITUNG	DAUER	SCHWIERIGKEIT
7	BRÜHEN	60 MIN	LEICHT

ZUTATEN

260 g Schweineschulter

300 g Rückenspeck (Schwein, ohne Schwarte)

1 Msp. Paprikapulver, edelsüß

2 Prisen Ingwer, gemahlen

1 Msp. Koriander, gemahlen

1 TL weißer Pfeffer, gemahlen

½ TL Traubenzucker

15 g Pökelsalz

225 g Eiswasser

200 g mageres Rindfleisch

1 Msp. Muskatblüte, gemahlen

1 Msp. Ascorbinsäure

1 Msp. Kardamom, gemahlen

Kutterhilfsmittel

Brühbarer Kunstdarm (Kaliber 55)

3505 kcal, 7 g kh, 338 g fett, 97 g eiweiß für gesamte zubereitungsmenge

ZUBEREITUNG

1 Das Fleisch getrennt durch eine Ø 3 mm Scheibe wolfen, danach 2 Stunden ins Gefrierfach stellen.

2 Die Schweineschulter und das Hack mit dem Pökelsalz kuttern. Nach ein paar Runden die Hälfte des Eises und das Kutterhilfsmittel hinzufügen.

3 Das übrige Eis und den Speck dazugeben und nach ein paar Runden die restlichen Zutaten hinzufügen und bis zu einer Temperatur von 12℃ kuttern.

4 Mit der Masse die Därme befüllen und bei 75℃ 60 Minuten lang brühen. Danach in kaltem Wasser auskühlen lassen.

WOLLWURST

PORTION(EN)	ZUBEREITUNG	DAUER	SCHWIERIGKEIT
4	BRÜHEN	90 MIN	LEICHT

ZUTATEN

250 g Rindfleisch
20 g Salz
1 Msp. Muskat
1 Msp. Kardamom
1 TL Senfpulver
150 g Schweinebacke
350 g fetter Schweine-
bauch
Etwas Ingwer, gemahlen
250 g Schweinefleisch
(Nacken)
Zitronenschale
½ TL Pfeffer
1 Msp. Koriander, ge-
mahlen

2099 kcal, 1 g kh, 165 g fett, 143 g eiweiß
für gesamte zubereitungsmenge

ZUBEREITUNG

1 Das Fleisch getrennt wolfen und ¼ der Fleischmasse im Mixer mixen.

2 Das Fleisch vermengen und die Gewürze hinzufügen.

3 Die Masse in einen Spritzbeutel mit 3 cm Öff-
nung füllen und gleichgroße Würste in einen Topf
mit 40℃ warmen Wasser spritzen.

4 Das Wasser auf 75℃ erwärmen und die Würste
ungefähr 40 Minuten darin brühen. Dann herausnehmen und abkühlen lassen.

JAGDWURST

PORTION(EN)
6

ZUBEREITUNG
BRÜHEN

DAUER
70 MIN

SCHWIERIGKEIT
LEICHT

ZUTATEN

100 g kernige Schweine-
backe
400 g magerer Schwei-
nebauch
½ TL Maggi
1 Msp. Muskat, gemah-
len
200 g Rindfleisch
1 Msp. Koriander, ge-
mahlen
2 Prisen Ingwer, gemah-
len
½ TL Puderzucker
2 Prisen Kümmel, ge-
mahlen
½ TL Paprikapulver,
edelsüß
110 g eiskaltes Wasser
300 g Schweinefleisch
aus Schulter oder Keule
18 g Nitrit Pökelsalz
2,5 TL Senfkörner
1,5 TL Kutterhilfsmittel
½ TL schwarzer Pfeffer
½ TL weißer Pfeffer
Sterildärme (Kaliber 65)

3012 kcal, 2 g kh, 239 g fett, 199 g eiweiß
für gesamte zubereitungsmenge

ZUBEREITUNG

1 Das Fett und das Fleisch in Stücke schneiden und über Nacht kühlstellen.

2 Das Schweine- und Rindfleisch durch eine Ø 3 mm Scheibe wolfen. Die Würze, das Salz, 2/3 des Wassers und das Kutterhilfsmittel hinzufügen und alles kneten.

3 Das Fleisch und das Fett mit den Gewürzen mischen und durch eine 8 mm Scheibe drehen. Das übrige Wasser hinzugeben und alles 60 Minuten lang kühlstellen.

4 Alles durchkneten und in die Därme geben. Die Wurst bei 70℃ 2 Stunden lang brühen.

FLEISCHKÄSE AUS PUTEN-FLEISCH

PORTION(EN)	ZUBEREITUNG	DAUER	SCHWIERIGKEIT
6	BRÜHEN	45 MIN	LEICHT

ZUTATEN

1000 g Putenfleisch
200 g Eisschnee
100 ml Mineralwasser
½ TL Knoblauch, gemahlen
1 Msp. Kümmel, gemahlen
2 Prisen Muskat
1 TL Kutterhilfsmittel
1 TL weißer Pfeffer
29 g Salz
200 g Pflanzenfett
125 g Feta
½ TL Majoran

3220 kcal, 1 g kh, 246 g fett, 233 g eiweiß für gesamte zubereitungsmenge

ZUBEREITUNG

1 Das Fleisch in Stücke schneiden, grob wolfen und kühlstellen.

2 Die Gewürze vermengen und mit dem Fett und dem Feta vorkuttern.

3 Das Fleisch und den Eisschnee hinzufügen und kuttern, bis eine homogene Masse entstanden ist (dabei eine Temperatur von ca. 11°C beibehalten).

4 Die Masse in eine Kastenform geben, etwas kaltes Wasser darauf gießen und die Oberfläche glätten.

5 Zuerst bei 175°C eine Viertelstunde lang backen, dann die Temperatur auf 145°C verringern und 55-65 Minuten weiterbacken. Dann aus der Form stürzen.

KOCHWURST

GRÜTZWURST

PORTION(EN)
4

ZUBEREITUNG
KOCHEN

DAUER
60 MIN

SCHWIERIGKEIT
LEICHT

ZUTATEN

1000 ml Brühe
200 g Schweinefleisch (Bauchfleisch, klein geschnitten)
Salz
1 TL Majoran
200 g Speck (grün, klein geschnitten)
1 TL Bohnenkraut, getrocknet
200 g Zwiebeln, klein geschnitten
1 TL weißer Pfeffer, gemahlen
1 Tasse Schweineblut
500 g Graupen, Grütze

2260 kcal, 168 g kh, 114 g fett, 135 g eiweiß für gesamte zubereitungsmenge

ZUBEREITUNG

1 Die Graupen 35 Minuten lang in Brühe kochen.

2 Das Bauchfleisch und den Speck anbraten und die Zwiebeln hinzugeben. Dann mit den Gewürzen zu den Graupen geben, mit Salz würzen und etwas abkühlen lassen.

3 Das Blut zu der Masse geben und alles in eine geölte Backform füllen. Bei 195°C eine halbe Stunde backen.

4 Alternativ kann die Wurst auch in Naturdärme abgefüllt werden und bei 80°C heißem Wasser 60 Minuten lang gebrüht werden.

BLUTWURST THÜRINGER ART

PORTION(EN)
7

ZUBEREITUNG
KOCHEN

DAUER
2 TAGE

SCHWIERIGKEIT
MITTEL

ZUTATEN

400 g mageres Fleisch
(Kamm/Bug)
200 g Blut
2 Prisen Zimt
1 Msp. Piment, gemahlen
½ TL Majoran
½ TL schwarzer Pfeffer, gemahlen
19 g Pökelsalz
200 g Schweineschwarte
20 g Zwiebeln
1 Msp. Kümmelpulver
1 Msp. Glutamat
200 g Rückenspeck, klein geschnitten
Därme

3645 kcal, 5 g kh, 324 g fett, 164 g eiweiß für gesamte zubereitungsmenge

ZUBEREITUNG

1 Das Fleisch klein schneiden und 12-24 Stunden mit 10 g Salz pro kg Fleisch vorpökeln.

2 Die Schweineschwarten ca. eine halbe Stunde lang kochen und danach durch einen Fleischwolf mit einer Ø 2 mm Scheibe mit den Zwiebeln drehen.

3 Den Speck mit dem Fleisch 5 Minuten kochen und dann zu der Schwartenmasse hinzugeben.

4 Das Blut bei 35℃ erwärmen und mit den übrigen Zutaten zu der Masse geben.

5 Die Därme befüllen und die Würste bei 85℃ 1 min pro mm brühen.

WURST MIT SCHWEINEZUNGE

PORTION(EN)
30

ZUBEREITUNG
KOCHEN

DAUER
6 TAGE

SCHWIERIGKEIT
MITTEL

ZUTATEN

2 l Blut (Schweineblut)
120 g Pökelsalz
1500 g Rückenspeck
8 gepökelte Schweine-
zungen
1 l Wasser
Gewürze je kg Speck-
Blut-Schwartenmasse:
½ TL schwarzer Pfeffer
1 Msp. Kümmel, gemah-
len
½ TL Majoran, gerebelt
½ TL Piment
20 g pürierte Zwiebeln
Kunstdarm (Kaliber 90-
120)

16039 kcal, 15 g kh, 1543 g fett, 499 g ei-weiß für gesamte zubereitungsmenge

ZUBEREITUNG

1 Aus dem Pökelsalz und dem Wasser eine Lake herstellen. Die Schweinezungen darin 5 oder 6 Tage lang in einem Gefrierbeutel pökeln.

2 Die Zungen 40 Minuten kochen, dann abschrecken und abziehen. Die Zungen jeweils in 3 Stücke schneiden.

3 Das Blut auf eine Temperatur von 40°C erwärmen und öfter durchsieben.

4 Die Schwarten kochen und dann durch eine Ø 2 mm Scheibe wolfen. Den Speck auch kochen und dann klein schneiden. Dann mit heißer Kesselbrühe übergießen, die Schwartenmasse hinzufügen und alles mischen.

5 Die Zwiebeln und die Gewürze zu dem Blut geben und mit den Zungenstücken zu dem Speck geben. Alles verrühren und in die Därme füllen.

6 Die Würste bei 80°C pro mm Durchmesser eine Minute lang sieden.

CORNED BEEF

PORTION(EN)
12

ZUBEREITUNG
KOCHEN

DAUER
5 TAGE

SCHWIERIGKEIT
MITTEL

ZUTATEN

2 l Wasser
1 TL Zucker (je kg
Fleisch)
9 g Maggi
2 Zwiebeln, halbiert
2 TL Pfeffer
2 dicke Scheiben Knol-
lensellerie
1 Lauch
2000 g Rindfleisch,
schier, ohne Sehnen, in
groben Stücken
2 Karotten, halbiert
15 Gewürznelken
115 g Aspik (Pulver)
25 g Pökelsalz (je kg
Fleisch)
1 TL Muskat

5918 kcal, 50 g kh, 388 g fett, 527 g eiweiß
für gesamte zubereitungsmenge

ZUBEREITUNG

1 Das Fleisch klein schneiden und mit dem Salz
und dem Zucker 4 oder 5 Tage im Kühlschrank
vorsalzen (ab und zu wenden).

2 Dann mit der Lake und dem Gemüse in dem
Wasser 60 Minuten lang kochen.

3 Die Hälfte des Fleisches durch einen Fleischwolf
mit einer Ø 5 mm Scheibe drehen und die andere
Hälfte durch eine Ø 12 mm Scheibe (hier das Messer falsch rum einsetzen).

4 Aus 1 l von der Kochbrühe mit dem Aspik Pulver,
dem Maggi, dem Pfeffer und dem Muskat eine
Lösung herstellen. Dann das Fleisch hinzugeben.

5 Die Masse in Gläser geben und 1,5 Stunden einkochen. Danach langsam abkühlen lassen.

SCHWARTENMAGEN

PORTION(EN)
14

ZUBEREITUNG
KOCHEN

DAUER
120 MIN

SCHWIERIGKEIT
MITTEL

ZUTATEN

1000 g Schweinekopf-
fleisch, gekocht
500 g Schweineschulter-
fleisch, gekocht
2 TL Koriander
1,5 TL Muskat
600 ml heiße Fleisch-
brühe
500 g Schweinebauch
mit Schwarte, gekocht
3 Knoblauchzehen
67 g Pökelsalz
14 g Pfeffer
400 g Schweineschwarte
Kunstdärme oder Gläser

7070 kcal, 5 g kh, 502 g fett, 587 g eiweiß
für gesamte zubereitungsmenge

ZUBEREITUNG

1 Das magere Fleisch grob, das fette Fleisch fein
schneiden.

2 Die Schwarten kochen und heiß durch eine Ø 2
mm Scheibe wolfen. Dann mit den Gewürzen in
die Brühe geben und alles vermengen.

3 Das Fleisch warm hinzufügen.

4 Alles in die Därme oder Gläser geben Die Därme
bei 81℃ sieden (je mm 1 Minute Garzeit). Die
Gläser 2 Stunden einkochen.

FALSCHES EISBEIN IM STE- RILDARM

PORTION(EN)
3

ZUBEREITUNG
KOCHEN

DAUER
1 TAG

SCHWIERIGKEIT
MITTEL

ZUTATEN

1000 g Schweinenacken (gut durchwachsen)
60 g Pökelsalz
½ TL Muskat
9 Wacholderbeeren, gequetscht
1 Lorbeerblatt
500 g Wasser
½ TL Knoblauchpulver
1 TL weißer Pfeffer
½ TL Koriander, gemahlen
150 g Aspik Pulver (130 Bloom)
Sterildarm (Kaliber 90)

1663 kcal, 1 g kh, 117 g fett, 158 g eiweiß für gesamte zubereitungsmenge

ZUBEREITUNG

1 Lake aus Wasser und dem Salz herstellen. Wacholderbeeren und Lorbeerblatt hinzugeben und 10 Minuten köcheln lassen. Danach abkühlen lassen Das Fleisch in grobe Stücke schneiden und in einem Gefrierbeutel mit der Lake begießen. 1 Tag lang im Kühlschrank ziehen lassen.

2 Das Aspik Pulver mit den Gewürzen vermengen. Die Lake abgießen, das Lorbeerblatt und die Beeren entsorgen und das nasse Fleisch in eine Schale hineinlegen. Das Aspik Pulver darauf geben und mit dem Fleisch mischen. Die Masse in den Darm füllen, dabei beachten, dass das Fleisch gepresst in die Därme gefüllt werden muss. Den Darm eng abbinden.

3 Den Darm in einen Topf legen und mit einer Wasserzugabe von maximal 50 g pro kg Fleisch 2 Stunden lang bei 85℃ brühen. Dann in kaltem Wasser abkühlen lassen. (Bei Lufteinschlüssen einfach den Knoten lösen, die Luft raus drücken und den Darm wieder zuknoten.)

4 Den Darm mit einem Brett und Gewicht beschweren und so vollständig erkalten lassen. Den Darm nach 4 Stunden einmal umdrehen und etwas kneten.

SÜLZWURST

PORTION(EN)	ZUBEREITUNG	DAUER	SCHWIERIGKEIT
30	KOCHEN	4 STUNDEN	LEICHT

ZUTATEN

1750 g Schweinebauch mit Schwarte
500 g roher Rückenspeck
2 Vorderhaxen
1000 g Schweineschwarte
Gewürze je kg Masse inkl. Brühe:
1 TL weißer Pfeffer
½ TL Majoran
1 Prise Ingwer
1 Msp. Koriander
½ TL Thymian
1 Msp. Piment
1 Msp. Kardamom
1 Msp. Muskat
18 g Pökelsalz

14575 kcal, 19 g kh, 1275 g fett, 712 g eiweiß für gesamte zubereitungsmenge

ZUBEREITUNG

1 Die Schwarten und das Eisbein in Wasser 70 Minuten kochen.

2 Das Eisbein entbeinen. Das Eisbein, die Hälfte des Bauches, den Speck und die Hälfte der Schwarten kleinschneiden.

3 Die übrige Hälfte des Bauches durch den Fleischwolf mit der groben Scheibe drehen. Die Hälfte der Schwarten durch die feine Scheibe drehen.

4 25% der Kochbrühe dazu geben und alles mit den Gewürzen vermengen.

5 Die Masse in Gläser ¾ voll füllen und 120 Minuten in wenig sprudelndem Wasser sterilisieren.

BLUTWURST

PORTION(EN)	ZUBEREITUNG	DAUER	SCHWIERIGKEIT
10	KOCHEN	4 STUNDEN	LEICHT

ZUTATEN

1000 g Schweinenacken
2 Msp. Nelkenpfeffer
2 Zwiebeln
50 g Salz
500 g fetter Schweine-
bauch
500 g Schweineschwarte
1 TL Pfeffer
½ TL Gewürzmischung
(Pastetengewürz)
2 Msp. Majoran
½ TL Piment

*5335 kcal, 28 g kh, 407 g fett, 380 g eiweiß
für gesamte zubereitungsmenge*

ZUBEREITUNG

1 Die Schwarten fetten und 120 Minuten kalt
wässern. Dann abgießen und zum Kochen bringen.
Wenn es kocht, die Brühe abschäumen und salzen.
Die Zwiebeln anbraten. Danach für 1 Stunde das
Nackenfleisch, das Bauchfleisch und die Zwiebeln
mitkochen. Danach das Fleisch abkühlen lassen.

2 Die Hälfte der Schwarten in 2 Durchgängen
wolfen, dann mit dem Blut vermengen.

3 Die andere Hälfte, den Schweinebauch und den
gekochten Schweinekamm klein schneiden, alles
mischen und 15 Minuten beiseite stellen.

4 Die Schwartenmasse und die Gewürze hinzufügen und etwas Kochbrühe unterrühren. Die
Masse in Gläser geben und bei ca. 97℃ 1,5 Stunden
einkochen.

KRÄUTER-KOCHWURST IM GLAS

PORTION(EN)
5

ZUBEREITUNG
KOCHEN

DAUER
120 MIN

SCHWIERIGKEIT
MITTEL

ZUTATEN

800 g mageren Schweinebauch (ohne Knochen, mit Schwarte)
½ EL Pfefferkörner
Etwas Muskatnuss, frisch gerieben
4 Pimentkörner
2 TL Salz
1 Msp. Zitronenschale
25 g Pistazienkerne, gehackt
3 Lorbeerblätter
2 Zwiebeln
1 EL Majoran, frisch gehackt
1 EL Thymian, frisch gehackt
1 TL Majoran, getrocknet
1 TL Thymian, getrocknet

2496 kcal, 22 g kh, 207 g fett, 124 g eiweiß für gesamte zubereitungsmenge

ZUBEREITUNG

1 Den Bauch kalt abwaschen, dann in einen Topf legen und mit Wasser begießen, bis alles bedeckt ist. Das Salz, die Lorbeerblätter, den Pfeffer und das Piment hinzufügen und die Zwiebeln im Ganzen mit hineingeben. Bei geschlossenem Deckel 60 Minuten lang köcheln lassen. Dann abkühlen lassen.

2 Den Schweinebauch in feine Scheiben schneiden und diese dann hacken. Dann im Topf bei mittlerer Hitze eine Viertelstunde schmoren lassen, dabei oft rühren.

3 Die Zwiebeln hacken und mit der Zitronenschale, dem Majoran und dem Thymian mit in den Topf geben. Das Muskatnuss auch dazugeben und alles mit Salz und Pfeffer abschmecken. Alles ein paar Minuten weiter schmoren lassen.

4 Die Pistazien leicht anbraten und zu dem Fleisch geben. Dann die Wurstmasse in Gläser geben und auskühlen lassen. (Im Kühlschrank maximal 3 Tage lagern oder einkochen.)

BRATWURST

KLASSISCHE BRATWURST

PORTION(EN)
6

ZUBEREITUNG
BRATEN

DAUER
45 MIN

SCHWIERIGKEIT
LEICHT

ZUTATEN

1000 g Schweinefleisch
½ TL Pfeffer, gemahlen
19 g Salz
1 TL Kümmel, gemahlen
2 TL Basilikum, gerebelt
½ TL Knoblauchextrakt
½ TL Zwiebelextrakt
½ TL Muskatnuss, gemahlen
1 TL Piment
2 TL Majoran, gerebelt
2 m Naturdarm

2661 kcal, 1 g kh, 167 g fett, 268 g eiweiß für gesamte zubereitungsmenge

ZUBEREITUNG

1 Das Fleisch kleinschneiden und mit den Gewürzen vermengen. Das Fleisch durch den Fleischwolf drehen (Scheibenstärke nach Belieben).

2 Den Darm mit der Masse befüllen und einzelne Würste abdrehen.

MERGUEZ

PORTION(EN)	ZUBEREITUNG	DAUER	SCHWIERIGKEIT
2	BRATEN	60 MIN	MITTEL

ZUTATEN

750 g Lammkeule (ent-
häutet und entfettet)
14 g Salz
1 Msp. Kreuzkümmel,
gemahlen
120 ml Wasser
1 Msp. Ingwer
½ TL Zimt
3 Knoblauchzehen
1 Msp. Koriander, ge-
mahlen
2 Prisen Oregano, ge-
mörsert
1 Msp. Macis
2,5 TL Paprikapulver,
edelsüß
1 Msp. Kardamom
1 TL Chiliflocken
½ TL schwarzer Pfeffer,
gemahlen
1 Msp. Piment
Darm Schafsaitling (Ka-
liber 20)

1198 kcal, 8 g kh, 70 g fett, 133 g eiweiß
für gesamte zubereitungsmenge

ZUBEREITUNG

1 Das Wasser eine halbe Stunde ins Gefrierfach
stellen.

2 Etwas von dem Salz abnehmen, den Knoblauch
pressen und beides vermengen.

3 Das Fleisch in grobe Stücke schneiden, die
Gewürze untermischen und alles durch die feine
Scheibe des Fleischwolfs drehen.

4 Den Knoblauch hinzufügen, dann das Eiswasser
einarbeiten.

5 Die Masse in eine Schale geben, mit Folie abdecken und 60 Minuten an einem kühlen Ort ziehen
lassen.

6 Die Saitlinge in Wasser einlegen und den Darm
ab und zu spülen. Dann ausstreifen und Würste
von 10 cm Länge abfüllen und abbinden.

7 Etwas Fett in einer Pfanne erhitzen und die
Würste kurz braun anbraten.

BRATWURST MIT CHAMPIG-NONS

PORTION(EN)
1

ZUBEREITUNG
BRATEN

DAUER
90 MIN

SCHWIERIGKEIT
MITTEL

ZUTATEN

1 EL Salz
300 g weiße Bohnen
(Dose)
175 g Champignons
½ TL Cayennepfeffer
1 TL Kümmel, gemahlen
1 TL Hefeextrakt
½ TL Guarkernmehl
45 g Kichererbsenmehl
1 Zwiebel
2 TL Sonnenblumenöl
1 TL Majoran, getrocknet
½ TL Pfeffer, gemahlen
1 TL Piment, gemahlen
1 Knoblauchzehe
½ TL Muskatnuss, frisch
gerieben

*541 kcal, 62 g kh, 19 g fett, 27 g eiweiß
für gesamte zubereitungsmenge*

ZUBEREITUNG

1 Den Knoblauch und die Zwiebeln hacken. Die Pilze säubern und in Scheiben schneiden.

2 Die Zwiebeln mit dem Knoblauch in Öl anbraten, dann die Pilze hinzufügen und alles 6 Minuten braten. Dann abkühlen lassen.

3 Die Pilzmischung, die Bohnen und die übrigen Zutaten, bis auf das Kichererbsenmehl, pürieren.

4 Das Mehl einrühren und alles gut durchkneten.

5 Die Masse in 4 Teile teilen und aus jedem Teil eine 15 cm lange Wurst formen. Diese dann 2 mal in Frischhaltefolie einwickeln.

6 Die Würste 1,5 Stunden im Kühlschrank lagern.

BRATWÜRSTCHEN MIT SCHWEINEBLUT

PORTION(EN)
8

ZUBEREITUNG
BRATEN

DAUER
90 MIN

SCHWIERIGKEIT
MITTEL

ZUTATEN

1400 g Schweinenacken
(keine Knochen)
300 g Schweineblut
300 g Schweineschwarte
Gewürze je kg gewolfter
Masse:
19 g Zwiebeln, püriert
½ TL Piment
½ TL Majoran
2 TL Kutterhilfsmittel
19 g Pökelsalz
½ TL Kümmel
1 TL Pfeffer
Schweinedarm (Kaliber
28/30)

4197 kcal, 3 g kh, 279 g fett, 408 g eiweiß
für gesamte zubereitungsmenge

ZUBEREITUNG

1 Das Fleisch kleinschneiden und 1 Stunde in den Kühlschrank stellen.

2 Die Gewürze und das Kutterhilfsmittel auf das Fleisch geben und alles mischen. Danach durch eine Ø 3 mm Lochscheibe wolfen.

3 Die Schwarten kochen und durch eine Ø 2 mm Scheibe drehen.

4 Die Masse, das Blut und die Schwarten vermischen und die Därme damit befüllen.

5 Die Würste bei 78℃ pro mm Durchmesser 1 Minute lang sieden.

PUTEN-GRILLER

PORTION(EN)
4

ZUBEREITUNG
BRATEN

DAUER
45 MIN

SCHWIERIGKEIT
LEICHT

ZUTATEN

1000 g Putenfleisch
100 g Speck
1 TL Meersalz (grob)
¼ Bund Schnittlauch
Etwas Rosmarin
1 TL Pfeffer (bunte Körner)
2 Knoblauchzehen
1 Ei
Öl
Etwas Majoran
¼ Bund Petersilie
½ Pck. Feta
1 Zwiebel
Etwas Basilikum
Därme

1988 kcal, 4 g kh, 91 g fett, 267 g eiweiß für gesamte zubereitungsmenge

ZUBEREITUNG

1 Das Fleisch 1 Stunde in den Kühlschrank stellen. Dann mit dem Speck durch die Ø 4,5 mm Scheibe wolfen.

2 Die Zwiebeln hacken und in etwas Öl anbraten. Den Knoblauch hacken und mit dem Meersalz, dem Oregano, dem Pfeffer, dem Majoran, dem Basilikum und dem Rosmarin mörsern.

3 Den Feta kleinschneiden und die Petersilie und den Schnittlauch hacken.

4 Alle Zutaten vermengen und die Masse 30 Minuten ins Gefrierfach stellen. Dann in Därme abfüllen, die Enden verknoten.

GROBE BRATWURST

PORTION(EN)
6

ZUBEREITUNG
BRATEN

DAUER
120 MIN

SCHWIERIGKEIT
MITTEL

ZUTATEN

500 g Schweinebauch,
ohne Schwarte
500 g Schweinefleisch,
Schulter

Gewürze je kg Brät:
1 TL weißer Pfeffer
½ TL Koriander
1 Knoblauchzehe
½ TL Muskat
17 g Salz
95 ml Mineralwasser mit
Kohlensäure
Därme (Kaliber 28/30)

2821 kcal, 1 g kh, 212 g fett, 210 g eiweiß
für gesamte zubereitungsmenge

ZUBEREITUNG

Achtung! die Menge der Gewürze bezieht sich auf
1 kg Brät!

1 Das Fleisch 1 Stunde ins Gefrierfach stellen.
Dann einschneiden und mit den Gewürzen mischen.

2 Das Fleisch mit einer Ø 3,5 mm Scheibe wolfen
und eine Weile kneten.

3 Die Därme befüllen und 2 Stunden lang ruhen
lassen.

SPINAT-EMMENTALER-GRIL-LER

PORTION(EN)
6

ZUBEREITUNG
BRATEN

DAUER
120 MIN

SCHWIERIGKEIT
MITTEL

ZUTATEN

500 g Schweinebauch
1,5 TL Kutterhilfsmittel
½ TL Knoblauchpulver
17 g Salz
45 g Mineralwasser
500 g Schweinefleisch
(Bug)
1 TL schwarzer Pfeffer,
gemahlen
½ TL Koriander, gemah-
len
40 g Spinat
Saitlinge (Kaliber 26/28)
50 g Emmentaler, gerie-
ben

3031 kcal, 2 g kh, 228 g fett, 225 g eiweiß
für gesamte zubereitungsmenge

ZUBEREITUNG

1 Das Fleisch in grobe Stücke schneiden, die
Gewürze hinzufügen und durch eine Ø 3,5 mm
Scheibe wolfen.

2 Die Masse flach ausdrücken und den Käse, den
Spinat und das Wasser in die Masse kneten.

3 Alles durch die Ø 8 mm Scheibe wolfen. Danach
die Masse in die Saitlinge geben und bei 75°C pro
mm Durchmesser 1 Minute lang brühen.

RINDERBRATWURST

PORTION(EN)
7

ZUBEREITUNG
BRATEN

DAUER
60 MIN

SCHWIERIGKEIT
MITTEL

ZUTATEN

750 g Rindfleisch (ohne Sehnen, Knochen und Fett)
1 TL Pfeffer
1 TL Knoblauch
1 Msp. Thymian, getrocknet
2 Msp. Traubenzucker
250 g Schweinerückenspeck
15 g Salz
1 Msp. Chiliflocken
2 TL Apfelessig
½ TL Paprikapulver, edelsüß
Schweinedarm (Kaliber 28/30)

3437 kcal, 4 g kh, 245 g fett, 284 g eiweiß für gesamte zubereitungsmenge

ZUBEREITUNG

1 Den Speck und das Fleisch in Stücke schneiden und 2 Stunden ins Gefrierfach stellen.

2 Den Speck und ¼ des Rindfleischs durch einen Fleischwolf mit einer Ø 3 mm Scheibe drehen.

3 Das übrige Fleisch durch eine Ø 4 mm Scheibe mahlen.

4 Die gesamten Zutaten mischen und alles verkneten. Dann in die Därme füllen.

NÜRNBERGER

PORTION(EN)	ZUBEREITUNG	DAUER	SCHWIERIGKEIT
50	BRATEN	3 STUNDEN	LEICHT

ZUTATEN

6000 g Brät (Aufschnitt-brät)

2000 g Schweinefleisch (5 % Fett)

71 g Nitrit Pökelsalz

2 Msp. Ingwer

1 TL Koriander

2000 g Schweinebauch (ohne Schwarte)

2 TL Pfeffer

½ TL Macis

2 TL Majoran, gerebelt

Kranzdärme (Kaliber 40/43)

28240 kcal, 1 g kh, 2454 g fett, 1560 g ei-weiß für gesamte zubereitungsmenge

ZUBEREITUNG

1 Den Bauch und das Fleisch durch die Ø 10 mm Scheibe drehen. Dann die Gewürze und das Salz einarbeiten.

2 Das Fleisch mit dem Aufschnittbrät mischen.

3 Die Därme mit der Masse befüllen und 45 Minuten bei 65°C 1 Stunde lang heiß räuchern. Dann bei 70°C eine halbe Stunde lang räuchern.

BRATWURST AUS ENTEN-FLEISCH

PORTION(EN)
2

ZUBEREITUNG
BRATEN

DAUER
60 MIN

SCHWIERIGKEIT
MITTEL

ZUTATEN

9 g Oregano, frisch
1 TL Majoran, frisch
1 TL Sumac
700 g Entenfleisch (mit Haut)
1 TL Salz
1,5 TL Chili
1 TL Koriandersamen
1 TL Szechuanpfeffer-körner
3 m Ziegendarm

919 kcal, 1 g kh, 41 g fett, 126 g eiweiß für gesamte zubereitungsmenge

ZUBEREITUNG

1 Die Knochen und die Haut am Fleisch entfernen. Den Darm in Wasser einlegen.

2 Das Fleisch mit dem Majoran und dem Oregano mischen.

3 Die Koriandersamen und die Pfefferkörner wenige Minuten in einer Pfanne anbraten, danach mörsern.

4 Die gesamten Gewürze unter das Fleisch geben und durch den Fleischwolf drehen. Die Masse in die Därme geben und alle 11 cm abbinden.

5 Die Würste 7-9 Minuten in siedendem Wasser kochen. Danach können sie gebraten werden.

ROSTBRATWURST

PORTION(EN)
12

ZUBEREITUNG
BRATEN

DAUER
45 MIN

SCHWIERIGKEIT
LEICHT

ZUTATEN

500 g fetter Schweinerü-
ckenspeck
3 Knoblauchzehen
2 Eier
Saft von 1 Zitrone
4 TL Majoran
1500 g Schweinenacken
17 g Salz
100 ml Milch
1 TL Pfeffer
2 Zwiebeln
Schweinedarm

*5871 kcal, 35 g kh, 413 g fett, 488 g eiweiß
für gesamte zubereitungsmenge*

ZUBEREITUNG

1 Den Speck und das Fleisch durch die grobe
Scheibe des Fleischwolfs drehen.

2 Die Eier, die Milch und die Gewürze untermischen und die Därme in heißes Wasser legen und
am Ende einen Knoten machen.

3 Die Masse in die Därme geben und dabei langsam drehen. Nach 18-19 cm abdrehen. Die Würste
gleich grillen oder einfrieren.

PAPRIKA-GRILLWURST

PORTION(EN)
6

ZUBEREITUNG
BRATEN

DAUER
60 MIN

SCHWIERIGKEIT
LEICHT

ZUTATEN

800 g mageres Schwei-
nefleisch
24 g Salz
1 TL schwarzer Pfeffer,
gemahlen
10 g Paprikapulver,
edelsüß
200 g Schweinebauch
mit Fleisch
1 TL Knoblauch, frisch
Dünne Schweinedärme

2729 kcal, 1 g kh, 185 g fett, 246 g eiweiß für gesamte zubereitungsmenge

ZUBEREITUNG

1 Den Knoblauch hacken. Dann mit dem Bauch und dem Fleisch durch eine 4,5 mm Scheibe drehen.

2 Die übrigen Zutaten hinzufügen, gut mischen und in die Därme füllen. Die Würste nach 22-24 cm abdrehen.

3 Die Würste entweder 3 Tage lang kalt räuchern oder direkt grillen.

PIKANTE BRATWURST AUS LAMMFLEISCH

PORTION(EN)
6

ZUBEREITUNG
BRATEN

DAUER
1 TAG

SCHWIERIGKEIT
MITTEL

ZUTATEN

1000 g Lamm (aus der Keule)
1 TL weißer Pfeffer
½ TL Limettenschale
1 TL Paprikaflocken
19 g Meersalz
1 TL rotes Chili, frisch
2 Knoblauchzehen
1 TL Minze
Darm (Kaliber 28-30)

2832 kcal, 1 g kh, 201 g fett, 235 g eiweiß für gesamte zubereitungsmenge

ZUBEREITUNG

1 Das Fleisch in grobe Stücke schneiden. Die Minze, den Knoblauch und das Chili kleinschneiden.

2 Die übrigen Zutaten mörsern. Dann alles vermengen und über Nacht kühl lagern.

3 Die Fleischmasse in 2 Durchgängen wolfen und die Därme befüllen. Die Würstchen direkt grillen oder braten.

SALSICIA ITALIANA

PORTION(EN)	ZUBEREITUNG	DAUER	SCHWIERIGKEIT
5	BRATEN	4 STUNDEN	LEICHT

ZUTATEN

100 ml Weißwein
1 TL Fenchelsamen
1000 g Schweinehack-
fleisch
1 TL Pfeffer
14 g Salz
Lammdärme (Saitling)

2666 kcal, 3 g kh, 207 g fett, 165 g eiweiß
für gesamte zubereitungsmenge

ZUBEREITUNG

1 Die Därme in Wasser einweichen lassen.

2 Alle Zutaten 5 Minuten kneten. Dann in die
Därme geben und 3,5 Stunden ziehen lassen. Die
Würste grillen oder in Olivenöl braten.

CURRYWURST

PORTION(EN)	ZUBEREITUNG	DAUER	SCHWIERIGKEIT
6	BRATEN	45 MIN	LEICHT

ZUTATEN

1000 g Schweinebauch
½ TL Ingwer, roh
1 Knoblauchzehe
21 g Salz
2,5 TL scharfes Curry-pulver
1,5 TL mildes Curry-pulver
1 TL weißer Pfeffer, gemahlen
1 kl. Bund Schweine-dünndärme (Kaliber 24-28)

2986 kcal, 1 g kh, 257 g fett, 152 g eiweiß
für gesamte zubereitungsmenge

ZUBEREITUNG

1 Das Fleisch durch die feine Scheibe wolfen.

2 Den Knoblauch hacken und mit dem Salz mischen. Den Ingwer reiben und mit dem Knoblauch und den anderen Gewürzen vermengen.

3 Die Gewürzmischung mit dem Fleisch mischen und alles in die Därme abfüllen.

SCHINKEN

GEWÜRZSCHINKEN

PORTION(EN)	ZUBEREITUNG	DAUER	SCHWIERIGKEIT
2	REIFEN	27 TAGE	MITTEL

ZUTATEN

19 g Meersalz
1 TL Pfeffer
1000 g Schweinerücken
mit etwas Speck
2 Msp. Knoblauchpulver
1 Lorbeerblatt
½ TL Wacholderbeeren
½ TL Rosmarin, getrocknet
2 Msp. Kümmel
19 g Pökelsalz
½ TL brauner Zucker
½ TL Koriander, getrocknet

1238 kcal, 11 g kh, 41 g fett, 208 g eiweiß für gesamte zubereitungsmenge

ZUBEREITUNG

1 Alle Gewürze mörsern und dann das Fleisch damit einreiben. Dann in einen Gefrierbeutel legen und 2 Wochen im Kühlschrank lagern. Immer nach 2 Tagen das Fleisch wenden und ein wenig durchkneten.

2 Das Fleisch in etwas Wasser in einer Schale schwenken und danach abtupfen.

3 Nun das Fleisch bei ca. 14°C und einer Luftfeuchtigkeit von 58% aufhängen, damit es trocknen kann.

4 Dann den Schinken 3 Tage lang jeweils 6 Stunden kalt räuchern. Zum Schluss den Schinken in Vakuumtüten 11-13 Tage reifen lassen (je länger er reift, desto trockener wird der Schinken).

KLASSISCHER SCHINKEN

PORTION(EN)
8

ZUBEREITUNG
REIFEN

DAUER
10 TAGE

SCHWIERIGKEIT
LEICHT

ZUTATEN

1000 ml Wasser
1500 g Schweinefleisch
(Schulter)
100 g Pökelsalz
4 TL Rotwein
2 Lorbeerblätter
1 EL Zucker
2 Nelken
1 Knoblauchzehe

4075 kcal, 10 g kh, 252 g fett, 405 g eiweiß
für gesamte zubereitungsmenge

ZUBEREITUNG

1 Das Wasser zum Kochen bringen und leicht
abkühlen lassen.

2 Den Knoblauch hacken und mit den Gewürzen
und dem Pökelsalz in das Wasser geben, sodass
eine Lake entsteht. Die Lake abkühlen lassen.

3 Das Stück Fleisch in eine passende Form legen
und mit der Lake begießen, so dass das Fleisch
komplett bedeckt ist. Das Fleisch so 9 Tage kühlstellen.

4 Das Fleisch aus der Lake nehmen und in eine andere Form (mit Deckel) legen. Wasser zum Kochen
bringen, die Form ein paar Minuten hinein stellen
und dann die Temperatur auf 78°C verringern. Das
Fleisch darin 2,5-3 Stunden ziehen lassen.

5 Die Form dann in kaltem Wasser 3 Stunden lang
auskühlen lassen. Dann ungeöffnet 1 Tag im Kühlschrank ruhen lassen. Danach herausnehmen und
den Schinken anschneiden.

LACHSSCHINKEN

PORTION(EN)
6

ZUBEREITUNG
REIFEN

DAUER
19 TAGE

SCHWIERIGKEIT
MITTEL

ZUTATEN

60 g Honig
1000 g Schweinefleisch
(Schweinelachse)
½ TL schwarzer Pfeffer,
gemahlen
40 g Pökelsalz
2 Msp. Korianderpulver
2 Beutel Glühweinge-
würz
1 Lorbeerblatt, gemah-
len

*2836 kcal, 48 g kh, 167 g fett, 268 g eiweiß
für gesamte zubereitungsmenge*

ZUBEREITUNG

1 Die Gewürze mischen und das Fleisch damit
einreiben. Den Honig leicht erhitzen und auf das
Fleisch geben.

2 Das Fleisch in Frischhaltefolie wickeln und 2
Wochen in einer Vakuumtüte im Kühlschrank
ziehen lassen.

3 Den Schinken abwaschen und 2 Tage lagern,
damit er trocknen kann.

4 Zum Schluss den Schinken in 2 Durchgängen
räuchern, dann nochmal 3 Tage trocknen lassen.

NUSSIGER SCHINKEN

PORTION(EN)
7

ZUBEREITUNG
REIFEN

DAUER
5 WOCHEN

SCHWIERIGKEIT
LEICHT

ZUTATEN

1300 g mageres Schweinefleisch (Nuss)
Gewürze je kg Fleisch:
½ TL schwarzer Pfeffer, zerstoßen
2 Msp. Koriander, gemahlen
40 g Pökelsalz
2 Msp. Knoblauchpulver
5 Wacholderbeeren, zerstoßen
2 Msp. Rosmarin, getrocknet
½ TL brauner Rohrzucker

3497 kcal, 3 g kh, 219 g fett, 352 g eiweiß
für gesamte zubereitungsmenge

ZUBEREITUNG

1 Die Gewürze vermengen und gleichmäßig auf das Fleisch geben.

2 Das Fleisch in einen Gefrierbeutel legen, eng zumachen und 13 Tage bei 6-10℃ lagern. Jeden 2. Tag etwas massieren und umdrehen.

3 Das Fleisch herausnehmen, abspülen und dabei darauf achten, dass ein paar der Gewürze am Fleisch haften bleiben. Dann abtupfen und 3 Tage bei 13-14℃ aufhängen, damit das Fleisch trocknen kann.

4 Jeden oder jeden 2. Tag das Fleisch 6 Stunden räuchern, bis der Schinken die Farbe hat, die er haben soll. Insgesamt sollten es 4 mal 6 Stunden sein.

5 Den Schinken bei 11-15℃ und einer Luftfeuchtigkeit von 60% aufhängen, damit er reifen kann. Zuletzt in einem Vakuumbeutel 10 Tage bei 7-11℃ lagern.

BURGUNDERSCHINKEN

PORTION(EN)
7

ZUBEREITUNG
BRÜHEN

DAUER
12 STUNDEN

SCHWIERIGKEIT
LEICHT

ZUTATEN

64 g Pökelsalz
1200 g Schweinenuss
1 TL brauner Zucker
1 Lorbeerblatt
400 ml Wasser
¼ l Rotwein
1 TL Wacholdernadeln
4 TL Buchenmehl
4 Wacholderbeeren
1 TL schwarze Pfeffer-
körner

3428 kcal, 8 g kh, 201 g fett, 323 g eiweiß
für gesamte zubereitungsmenge

ZUBEREITUNG

1 Den Zucker und das Salz in das Wasser geben
und auflösen lassen. Mithilfe einer Marinierspritze
die Hälfte dieser Lake in 2-3 cm Abständen in das
Fleisch spritzen. Die übrige Lake und den Wein mit
dem Fleisch in einen 3 l Gefrierbeutel tun und in
der Nacht im Kühlschrank lassen.

2 Das Fleisch heraus nehmen, abtupfen und 60
Minuten an der Luft trocknen lassen. Alufolie in
einem Wok ausbreiten und vorheizen. Die Nadeln
und das Mehl hineingeben und ein Prallblech und
Gitter darauf legen.

3 Das Fleisch auf das Gitter geben, den geschlossenen Wok auf ca. 70℃ erhitzen und das Fleisch eine
halbe Stunde so räuchern.

4 Wenige Minuten vor Ende der Zeit die noch
übrig gebliebene Lake mit 1000 ml Wasser, dem
Lorbeerblatt, den Beeren und dem Pfeffer in einem
Topf auf 80℃ erhitzen. Das Fleisch vom Gitter he-
runternehmen und in den Sud im Topf hineinlegen.
Bei 80℃ 1 Stunde und 10 Minuten brühen.

WILD

SALAMI AUS WILDSCHWEIN-FLEISCH

PORTION(EN)	ZUBEREITUNG	DAUER	SCHWIERIGKEIT
4	TROCKNEN	14 TAGE	MITTEL

ZUTATEN

600 g mageres Wild-
schweinfleisch
1,5 TL Zucker
2 TL grüne Pfefferkör-
ner
2 Msp. Muskat, gerieben
½ TL schwarzer Pfeffer,
gemahlen
½ TL Paprikapulver,
scharf
1 Msp. Koriander, ge-
mahlen
22 g Nitrit Pökelsalz
1 Msp. Kümmel, gemah-
len
400 g Schweinebauch
(ohne Schwarte)
19 ml Weinbrand
3 TL Senfkörner
½ TL Knoblauchpulver,
granuliert
Schweinedärme (Kaliber
26/28)

*1924 kcal, 1 g kh, 122 g fett, 187 g eiweiß
für gesamte zubereitungsmenge*

ZUBEREITUNG

1 Das Fleisch 2 Stunden in den Kühlschrank stellen
und die Gewürze, bis auf die Pfeffer- und Senfkörner, mischen.

2 Das Fleisch klein schneiden und mit den Gewürzen vermengen.

3 Das fette Fleisch durch die Ø 4,5 mm Scheibe
wolfen, das magere Fleisch durch die Ø 3 mm
Scheibe.

4 Die Körner hinzugeben und die Masse gut
kneten. Dann in die Därme füllen und 2 Wochen
trocknen lassen (evtl. in mehreren Durchgängen
kalt räuchern).

BRATWURST AUS HIRSCH-FLEISCH

PORTION(EN)
4

ZUBEREITUNG
MISCHEN

DAUER
90 MIN

SCHWIERIGKEIT
MITTEL

ZUTATEN

300 g fetter Schweine-
bauch
100 ml Rotwein, trocken
2 TL Gelee (Johannis-
beere)
½ TL Rosmarin
700 g Hirschfleisch
19 g Salz
2 Msp. Thymian
1 Knoblauchzehe
1 Zwiebel
1 Prise Kardamom
5 Wacholderbeeren,
zerstoßen
½ TL weißer Pfeffer
Bratwurstdarm, Öl

*1778 kcal, 11 g kh, 94 g fett, 193 g eiweiß
für gesamte zubereitungsmenge*

ZUBEREITUNG

1 Den Knoblauch und die Zwiebel hacken und
in Öl leicht anbraten. Dann in den Kühlschrank
stellen.

2 Die Därme in Wasser einlegen und ab und zu
spülen.

3 Das Fleisch kleinschneiden, durch die Ø 4,5 mm
Scheibe des Fleischwolfes drehen und die Gewürze
unterrühren. Das Gelee und den Wein auch hinzufügen und alles 5 Minuten lang kneten.

4 Das Brät 30 Minuten kühl lagern. Danach in die
Därme füllen und in beliebiger Länge abdrehen.

WILDPASTETE

PORTION(EN)	ZUBEREITUNG	DAUER	SCHWIERIGKEIT
7	MISCHEN	80 MIN	LEICHT

ZUTATEN

750 g fettes Wild-
schweinfleisch (Schul-
ter)
3,5 Zwiebeln
Salz, Pfeffer
4 Knoblauchzehen, ge-
hackt
240 ml Rotwein
350 g Preiselbeeren
750 g Wildleber
115 g Gelierzucker
3 EL Majoran, getrock-
net
Öl zum Braten
75 g Zucker
2 TL Wacholderbeeren,
gehackt

3572 kcal, 395 g kh, 52 g fett, 310 g eiweiß
für gesamte zubereitungsmenge

ZUBEREITUNG

1 Die Zwiebeln und die Leber in schmale Streifen
schneiden und mit dem Knoblauch in Öl anbraten.

2 Das Fleisch mit den Wacholderbeeren, Salz, Pfeffer und Majoran würzen und bei 195℃ 60 Minuten
backen. Danach auskühlen lassen und faschieren.

3 Das Fleisch gut abschmecken, in Gläser umfüllen
und diese verschlossen im Dämpfer 3 Minuten lang
bei 88℃ pochieren.

4 Den Zucker, den Wein und die Preiselbeeren
kochen, dann den Gelierzucker hinzugeben, alles
abkühlen lassen und zu der Pastete servieren.

WILDSCHWEIN LEBERWURST

PORTION(EN)
8

ZUBEREITUNG
MISCHEN

DAUER
60 MIN

SCHWIERIGKEIT
MITTEL

ZUTATEN

2 TL Wacholderbeeren
500 g Schweinebauch
2 Bund Majoran
1 TL Pfeffer
500 g Wildschweinleber
400 g Zwiebeln, klein
geschnitten
4 TL Schweineschmalz
1,5 EL Salz
500 g Schweineschulter

3993 kcal, 56 g kh, 259 g fett, 336 g eiweiß
für gesamte zubereitungsmenge

ZUBEREITUNG

1 Den Schmalz und die Zwiebeln anbraten.

2 Die Sehnen am Fleisch und an der Leber entfernen und beides in grobe Stücke schneiden. Beides mit dem Majoran, den Zwiebeln und den Wacholderbeeren wolfen und Salz und Pfeffer hinzufügen.

3 Die Masse in Gläser geben und den Deckel darauf setzen. Die Gläser 1 Stunde in einem Topf mit Wasser einkochen.

WILD RILLETTES

PORTION(EN)
7

ZUBEREITUNG
MISCHEN

DAUER
1 TAG

SCHWIERIGKEIT
MITTEL

ZUTATEN

1000 g Rehfleisch
400 ml Wildfond
1 Zwiebel
120 g + 2 EL Gänse-
schmalz
1 Msp. Piment
2 Thymianzweige
3 Steinpilze, getrocknet
und pulverisiert
500 g Schweinenacken
350 ml Weißwein, tro-
cken
2 Karotten
1 Msp. Muskat
Salz und Pfeffer
2 Knoblauchzehen

3679 kcal, 20 g kh, 222 g fett, 323 g eiweiß
für gesamte zubereitungsmenge

ZUBEREITUNG

1 Das Fleisch kleinschneiden und mit Pfeffer und
Salz würzen. Die Zwiebeln, die Karotten und den
Knoblauch hacken.

2 Das Gänseschmalz in eine Pfanne geben und
das Fleisch darin anbraten. Das Wildfond und den
Wein mit hineingeben. Danach auch das Gemüse,
das Steinpilzpulver und den Thymian mit dazugeben. Alles mit geschlossenem Deckel 2-3 Stunden
köcheln lassen. In der Nacht erkalten lassen.

3 Die Zweige entfernen und das Fleisch mithilfe
von Gabeln zerrupfen.

4 Das Fleisch mit Muskatnuss, Salz, Piment und
Pfeffer abschmecken und in Gläser geben.

WILDSCHWEIN SCHINKEN

PORTION(EN)
2

ZUBEREITUNG
REIFEN

DAUER
7 WOCHEN

SCHWIERIGKEIT
MITTEL

ZUTATEN

35 g Pökelsalz
1000 g Wildschwein
(aus Hinterschinken)
1 TL schwarzer Pfeffer,
gemahlen
½ TL Rosmarin
Etwas Rum
1 Msp. Nelkenpulver
½ TL Knoblauchpulver
½ TL Puderzucker
½ TL Wacholderbeeren,
zerdrückt

*1219 kcal, 1 g kh, 33 g fett, 213 g eiweiß
für gesamte zubereitungsmenge*

ZUBEREITUNG

1 Das Fleisch mit dem Rum einreiben und 60 Minuten ziehen lassen.

2 Die übrigen Zutaten vermengen und das Fleisch damit einreiben. Dann in eine Vakuumtüte legen und mit etwas Luft in der Tüte 3 Wochen lang pökeln.

3 Das Fleisch mit Wasser abspülen, trockentupfen und nochmal mit dem Rum einreiben. Dann 2 Tage trocknen lassen.

4 Das Fleisch in 6 Durchgängen jeweils 20 Stunden kalt räuchern. Dann weitere 3-4 Wochen lagern.

HIRSCHSALAMI

PORTION(EN)
3

ZUBEREITUNG
TROCKNEN

DAUER
30 TAGE

SCHWIERIGKEIT
MITTEL

ZUTATEN

800 g Hirschfleisch
½ TL schwarzer Pfeffer,
gemahlen
2,5 TL Paprikapulver,
edelsüß
24 g Salz
200 g Schweinebauch
mit Fleisch
½ TL Knoblauch, frisch
Schweinedünndärme

1460 kcal, 2 g kh, 70 g fett, 199 g eiweiß
für gesamte zubereitungsmenge

ZUBEREITUNG

1 Den Knoblauch hacken und mit dem Fleisch
und dem Bauch durch die 4,5 mm Scheibe wolfen.
Dann gut durchkneten und 1 Tag lang im Kühlschrank ruhen lassen.

2 Die Masse nochmal durchkneten und in die Därme geben. Die Würste sollten 26-28 cm lang sein.

3 Die Würste langsam so lange räuchern, bis sie
eine hellrote Farbe bekommen.

4 Die Würste 1 Monat zum Trocknen aufhängen.

VEGETARISCHE WÜRSTCHEN

SOJABRATWURST

PORTION(EN)	ZUBEREITUNG	DAUER	SCHWIERIGKEIT
1	GAREN	90 MIN	MITTEL

ZUTATEN

552 kcal, 29 g kh, 6 g fett, 107 g eiweiß
für gesamte zubereitungsmenge

250 ml Gemüsebrühe
100 g Glutenpulver
2 TL Kümmel, gemahlen
1 TL Paprikapulver
1 Zwiebel
2 TL Senf, mittelscharf
38 g Sojagranulat
½ TL Pfeffer
1 TL Knoblauch, granuliert
2 TL Sojamehl
3 EL Speisestärke
1 TL Majoran, getrocknet
½ EL Salz
½ EL Majoran, getrocknet
½ TL Hefeextrakt
½ EL gelbe Senfkörner

ZUBEREITUNG

1 Die Zwiebel kleinschneiden. Die Brühe erwärmen und die Zwiebel und das Sojagranulat hineingeben. Bei geringer Hitze 15 Minuten garen.

2 Den Hefeextrakt und den Senf zu der Sojabrühe geben und die Stärke, das Mehl und die Gewürze unterheben. Das Glutenpulver mit hineingeben und alles zu einem Teig rühren (evtl. etwas Wasser hinzufügen).

3 Den Teig in 4 Teile teilen und jeden Teil zu einer 14 cm langen Wurst formen. Die Würste einzeln 2 mal in Alufolie wickeln und die Enden wie bei einem Bonbon zumachen.

4 Die Würste in einem Dampfgareinsatz in einem mit 3 cm Wasser hoch befüllten Topf 35-40 Minuten garen. (Das Wasser vorher aufkochen lassen).

5 Die Würste von der Folie befreien und abkühlen lassen. Jetzt können sie gebraten werden.

VEGGIE BRATWURST

PORTION(EN)
2

ZUBEREITUNG.
BACKEN

DAUER
30 MIN

SCHWIERIGKEIT
MITTEL

ZUTATEN

350 ml Wasser
28 g Hefeflocken
5 EL Öl
4 EL Sojasoße
½ EL Knoblauchpulver
1 Msp. Zucker
1 EL Salz
5 EL Tomatenmark
2 EL Paprikapulver
2 Msp. Pfeffer
300 g Seitanmehl
2 Msp. Kreuzkümmel
½ EL Senf

1245 kcal, 116 g kh, 71 g fett, 34 g eiweiß für gesamte zubereitungsmenge

ZUBEREITUNG

1 Die Hefeflocken, das Paprikapulver, das Mehl, Salz und Pfeffer, das Zwiebelpulver, den Kümmel und den Knoblauch vermengen. Außerdem das Öl, die Sojasoße, das Wasser, den Senf und das Tomatenmark anrühren. Dann beides mischen und verkneten.

2 Aus der Masse 11 - 12 Würste formen, die 2 cm dick sind. Die Würste zuerst in Backpapier einzeln und dann in Alufolie einwickeln.

3 Die Würste für gut 45 Minuten bei 175°C backen. Dann den Ofen ausschalten und die Würste eine Viertelstunde im geschlossenen Ofen lassen. Dann herausnehmen und aus der Folie wickeln.

VEGGIE PINKEL

PORTION(EN)	ZUBEREITUNG	DAUER	SCHWIERIGKEIT
3	GAREN	20 MIN	LEICHT

ZUTATEN

120 g Hafergrütze
Etwas Piment
120 g Schmalz (pflanzlich)
1,5 Zwiebeln, klein geschnitten
Salz und Pfeffer
Evtl. Rauchsalz

1545 kcal, 87 g kh, 125 g fett, 18 g eiweiß für gesamte zubereitungsmenge

ZUBEREITUNG

1 Die Zwiebeln, den Schmalz und die Grütze kneten und die Gewürze einarbeiten.

2 Den Teig in ein Nesseltuch geben (darauf achten, dass nach oben hin etwas Platz ist) und zubinden.

3 Den Beutel garen.

ITALIENISCHER SEITANAUF-SCHNITT

PORTION(EN)	ZUBEREITUNG	DAUER	SCHWIERIGKEIT
2	GAREN	75 MIN	MITTEL

ZUTATEN

400 g Cannellini Bohnen, Dose
250 g Seitanmehl
2 TL Tomatenmark
½ EL Thymian
1 TL Salz
195 ml Gemüsebrühe
½ EL Oregano
½ EL Paprikapulver, edelsüß
1 TL Chiliflocken
4 EL Hefeflocken
½ EL Flüssigrauch
2 EL Sojasoße
1 TL Knoblauchpulver

1055 kcal, 153 g kh, 8 g fett, 69 g eiweiß für gesamte zubereitungsmenge

ZUBEREITUNG

1 Das Mehl, die Gewürze und die Hefeflocken vermengen.

2 Die Bohnen sieben und mit den übrigen Zutaten mixen. Dann mit der anderen Mischung verkneten.

3 Den Teig in 2 Teile teilen und 2 Würste daraus formen. Diese eng in Alufolie wickeln und die Enden verschließen.

4 Die Würste 60 Minuten in Wasserdampf garen, nach 30 Minuten umdrehen. Anschließend abkühlen lassen.

OLIVEN-WURST

PORTION(EN)	ZUBEREITUNG	DAUER	SCHWIERIGKEIT
2	GAREN	60 MIN	MITTEL

ZUTATEN

200 g Gluten
1 Zwiebel
200 ml Wasser
7 Oliven
Knoblauchpfeffer
2 TL Tomatenmark
2 getrocknete Tomaten
Salz
Rosmarin, frisch
Zwiebelgranulat

*863 kcal, 40 g kh, 9 g fett, 165 g eiweiß
für gesamte zubereitungsmenge*

ZUBEREITUNG

1 Die Tomaten, die Zwiebeln und die Oliven klein-schneiden oder mixen. Den Knoblauchpfeffer, den Rosmarin, das Salz, das Zwiebelgranulat und das Gluten vermengen und das Tomatenmark und die Oliven-Mischung dazugeben. Das Wasser unter-rühren, sodass ein Teig entsteht.

2 Den Teig in 3 Stücke teilen und jedes in Alufolie zu einer Wurst rollen. Die Enden abschnüren.

3 Die Würste in Wasserdampf ungefähr 40 Minu-ten garen. Der Topf muss 3 cm hoch mit Wasser gefüllt sein.

4 Die Würste erkalten lassen und im Kühlschrank aufbewahren.

SEITAN-TOFU WURST

PORTION(EN)
5

ZUBEREITUNG
BACKEN

DAUER
100 MIN

SCHWIERIGKEIT
MITTEL

ZUTATEN

400 g Seitanmehl
1 EL Senf
150 g Tomatenmark
1 EL Paprikapulver
½ EL Knoblauchpulver
8 EL Sonnenblumenöl
2 Msp. Kreuzkümmel
2 EL Salz
4 EL Sojasoße
2 Msp. Pfeffer
45 g Hefeflocken
200 g Tofu
1 Zwiebel, gehackt
2 Tassen Wasser

2705 kcal, 272 g kh, 135 g fett, 96 g eiweiß
für gesamte zubereitungsmenge

ZUBEREITUNG

1 Das Mehl, die Gewürze, die Hefeflocken und die
Zwiebeln vermengen. Die übrigen Zutaten auch
mischen und bevor das Wasser dazugegeben wurde, mit einem Stampfer zerdrücken. Dann mit dem
Wasser mixen. Beide Mischungen verrühren.

2 Aus der Masse eine Wurst von 14 cm formen, in
ein Stück Backpapier wickeln und dann mit Alufolie einwickeln. Die Wurst auf einem Ofengitter
platzieren.

3 Die Wurst gut 45 Minuten bei 180°C backen, danach die Temperatur ausschalten und die Würste
nochmal eine Viertelstunde im geschlossenen Ofen
lassen.

VEGANE WEIßWURST

PORTION(EN)
5

ZUBEREITUNG
GAREN

DAUER
120 MIN

SCHWIERIGKEIT
MITTEL

ZUTATEN

Für den Teig (nasse Zutaten):
350 g Tofu, Natur
300 ml Wasser
65 ml Öl
2 große Zwiebeln, klein geschnitten
1,5 EL Brühpulver
Saft von ½ Zitrone

Für den Teig (trockene Zutaten):
300 g Gluten
1 EL Guarkernmehl
Gewürze:
3 EL Hefeflocken
1,5 EL Kardamom, gemahlen
1 EL Macispulver
1 EL Salz
1 EL Ingwer, gemahlen
Petersilie
2 EL Misopaste, hell
Pfeffer

2784 kcal, 73 g kh, 111 g fett, 398 g eiweiß für gesamte zubereitungsmenge

ZUBEREITUNG

1 Die nassen Zutaten mit den Gewürzen, außer der Petersilie, mischen und mixen.

2 Die trockenen Zutaten und die Petersilie hinzufügen und alles gut durchkneten.

3 Den Teig in 8 Teile teilen und in eine Form für Weißwürste füllen. (Es können stattdessen auch Würste geformt und in Backpapier und Alufolie gewickelt werden).

4 Einen Topf 3 cm hoch mit Wasser befüllen, zum Kochen bringen, den Herd ausschalten und die Würste danach eine halbe Stunde in dem Wasserdampf garen. Danach erkalten lassen.

BONUSREZEPTE

GEFLÜGELAUFSCHNITT

PORTION(EN)
5

ZUBEREITUNG
MISCHEN

DAUER
1 TAG

SCHWIERIGKEIT
LEICHT

ZUTATEN

1000 g Putenschnitzel
100 g Aspik Pulver (je Liter)
135 g Paprika (alle Farben)
32 g grüner Pfeffer (Glas)

Für den Sud:
1 Knoblauchzehe
½ TL schwarzer Pfeffer
20g Salz
17 g Zucker
Essig
420 ml Weißwein, lieblich
2 Nelken
420 ml Wasser
1 Lorbeerblatt
80 mm Darm

2471 kcal, 167 g kh, 97 g fett, 147 g eiweiß für gesamte zubereitungsmenge

ZUBEREITUNG

1 Die Schnitzel in Salzwasser garen, erkalten lassen und in Stücke schneiden.

2 Nun die Paprika auch in Salzwasser garen und danach kleinschneiden.

3 Den Sud 18 Minuten kochen, dann fein sieben und das Pulver unterrühren.

4 Die Paprika mit dem Fleisch mischen und in den Darm geben. Hierbei den Pfeffer gleichmäßig hinzufügen. Dann den Darm mit dem Sud befüllen und zubinden.

5 Die Masse ca. 13 Stunden erkalten lassen und dann 5-7 Stunden in den Kühlschrank legen. Danach den Darm abmachen und die Wurst anschneiden.

LUFTGETROCKNETE SCHWEI-NELENDEN

PORTION(EN)
1

ZUBEREITUNG
REIFEN

DAUER
8 TAGE

SCHWIERIGKEIT
LEICHT

ZUTATEN

¼ Blatt Gelatine
¼ Schweinelende
(Schweinefilet)
12 g Pökelsalz
Kräuter und Gewürze
nach Belieben

*148 kcal, 1 g kh, 3 g fett, 27 g eiweiß
für gesamte zubereitungsmenge*

ZUBEREITUNG

1 Die Lende säubern, trockentupfen und mit dem Salz einreiben. In der Nacht in einem Gefäß kühlstellen und einmal wenden.

2 Die Lende abbrausen und 2 Stunden in Wasser einlegen. Die Lende trockentupfen und an einer Schnur aufhängen. Nochmal abtrocknen und 1 Tag so hängen lassen.

3 Die Gelatine in Wasser legen, dann auflösen lassen und auf die Lende pinseln.

4 Die Lende mit den Gewürzen einreiben und 6 Tage erneut aufhängen (ab und zu eine Druckprobe durchführen). Zum Schluss kann die Lende noch geräuchert werden.

PASTRAMI

PORTION(EN)
14

ZUBEREITUNG
REIFEN

DAUER
10 TAGE

SCHWIERIGKEIT
MITTEL

ZUTATEN

250 g Meersalz (grob)
3000 g magere Rinder-
brust
5 Knoblauchzehen
2 TL Ingwer, gemahlen
4 EL schwarzer Pfeffer,
grob gemahlen
½ TL Salpeter
4 TL Koriander, grob
gemahlen
4 EL brauner Zucker

6949 kcal, 24 g kh, 344 g fett, 883 g eiweiß
für gesamte zubereitungsmenge

ZUBEREITUNG

1 Das Fleisch mit ca. 100 g Salz einreiben und in
einer Schüssel 2 Stunden ruhen lassen. Dann abbrausen und trocken tupfen.

2 Alle Gewürze und den Knoblauch mit dem restlichen Salz mischen und das Fleisch damit einreiben.

3 Das Fleisch in einer Schale zugedeckt 1,5 Wochen kalt lagern. Ab und zu umdrehen.

4 Das Fleisch trockentupfen und 1 Tag an einem
dunklen, trockenen, luftigen Ort aufhängen.

5 Das Fleisch 5 Stunden unter 24°C kalt räuchern.
Zum Schluss 2,5 - 3 Stunden in Wasser solange
köcheln lassen, bis es weich ist. Danach abtropfen
lassen.

PIZZAWÜRSTCHEN

PORTION(EN)	ZUBEREITUNG	DAUER	SCHWIERIGKEIT
18	MISCHEN	1 TAG	MITTEL

ZUTATEN

2500 g Schweinenacken
1 rote Paprikaschote
30 g Salz
1 Bund Oregano, frisch
200 g Champignons
1 Dose Tomaten, geschält
1 Bund Basilikum, frisch
19 g schwarzer Pfeffer
500 g Rückenspeck
1 Bund Petersilie, frisch
200 g Emmentaler
1 Bund Kerbel, frisch
48 ml Ketchup
200 g Kochschinken
28 g italienische Kräuter
200 g Salami
10 m Schweinedarm
(Kaliber 30/32)

9237 kcal, 54 g kh, 641 g fett, 804 g eiweiß
für gesamte zubereitungsmenge

ZUBEREITUNG

1 Das Nackenfleisch 2 Stunden kühl lagern. Dann mit dem Speck in Stücke schneiden und durch einen Fleischwolf mit einer Ø 6 mm Scheibe drehen. Danach in den Kühlschrank stellen.

2 Den Käse, den Schinken, die Salami, die Pilze und die Paprika klein schneiden und die Kräuter hacken. Die Dosentomaten mixen und die Kräuter und den Ketchup zu den Tomaten geben und verrühren.

3 Die gesamten Zutaten kneten und in der Nacht im Kühlschrank lagern.

4 Dann die Masse in die Därme füllen.

ENTENWURST

PORTION(EN)	ZUBEREITUNG	DAUER	SCHWIERIGKEIT
1	REIFEN	14 TAGE	LEICHT

ZUTATEN

Meersalz (grob)
Rosmarin, getrocknet
und gehackt
1 Entenbrust

569 kcal, 1 g kh, 41 g fett, 47 g eiweiß für gesamte zubereitungsmenge

ZUBEREITUNG

1 Das Fleisch abbrausen und das Fett abschneiden.

2 Die Entenbrust in eine Schale legen, das Salz darüber streuen, bis das Fleisch bedeckt ist und bei geschlossenem Deckel 13-16 Stunden kühl lagern.

3 Dann das Salz abbrausen und trocken tupfen.

4 Das Fleisch auf ein Baumwolltuch legen, etwas Rosmarin oben drauf streuen und das Fleisch mit dem Tuch umwickeln. Das Fleisch unten im Kühlschrank 2 Wochen lagern.

FISCHWÜRSTCHEN

PORTION(EN)
2

ZUBEREITUNG
BACKEN

DAUER
45 MIN

SCHWIERIGKEIT
LEICHT

ZUTATEN

800 g Hecht
1 Zwiebel
Butter
Öl
Milch
Muskatnuss
Weißer Pfeffer
2 alte Brötchen
Majoran
2 Eier
Semmelbrösel
Salz

1087 kcal, 58 g kh, 15 g fett, 168 g eiweiß
für gesamte zubereitungsmenge

ZUBEREITUNG

1 Die Gräten und die Haut vom Fleisch lösen, klein schneiden und die Brötchen in der Milch einweichen. Dann die Brötchen ausdrücken und mit dem Fisch mischen.

2 Die Zwiebel würfeln und in Butter anbraten. Danach etwas erkalten lassen und mit einem Ei und den Gewürzen zu der Fischmasse geben. Wenn die Masse zu weich ist, etwas Semmelbrösel hinzufügen.

3 Ein Brett etwas bemehlen und 2 cm dicke Schlangen formen. Diese in 10 cm lange Teile teilen.

4 Das 2. Ei, 1 TL Öl und Wasser mischen und die Würstchen hinein tauchen. Dann abtropfen lassen und in den Semmelbröseln wenden.

5 Die Würste in Öl goldbraun backen und danach auf Küchenpapier legen.

ENTEN RILLETTES

PORTION(EN)	ZUBEREITUNG	DAUER	SCHWIERIGKEIT
7	KOCHEN	45 MIN	MITTEL

ZUTATEN

4 Keulen Ente (á 300 g)
100 ml Fond
Wacholderbeeren
150 g Zwiebeln, klein
geschnitten
48 ml Cognac
½ Bund Thymian
Salz und Pfeffer
50 g Gänseschmalz
½ Bund Majoran

*3586 kcal, 16 g kh, 253 g fett, 265 g eiweiß
für gesamte zubereitungsmenge*

ZUBEREITUNG

1 Die Keulen von der Haut befreien. Den Schmalz und die Haut in einen gusseisernen Topf schmelzen lassen. Die Haut nach einigen Minuten herausnehmen.

2 Die Zwiebeln, den Weinbrand, die Keulen, das Fond und die Gewürze mit etwas Salz und Pfeffer im Topf bei geschlossenem Deckel 4,5 Stunden köcheln lassen. Ab und zu umrühren.

3 Die Masse grob sieben (dabei das Fett auffangen), die Knochen und die Kräuter herausnehmen. Mithilfe von Gabeln das Fleisch zerrupfen, in das Fett geben und abschmecken.

4 Die Masse in ein Glas geben, den Deckel drauf setzen und erkalten lassen, bis das Schmalz hart ist. Die Rillettes sind gekühlt 1 Monat haltbar.

Herstellung und Verlag:
BoD – Books on Demand, Norderstedt
ISBN: 9783750405592

Kontakt:
Psiana eCom UG
Berumer Str. 44
26844 Jemgum

Covergestaltung: Lea Schilling
Coverfoto: depositphotos.com